JN115104

グリーンブックレット

Green
Booklet 15

刑事司法・少年司法の担い手教育

Photo by Yasuhiro Maruyama

司法の課題と大学
教育のこれから

丸山泰弘 [編著]

成文堂

法制研究所創設40周年に寄せて

法制研究所長　川眞田嘉壽子

　法制研究所は，法学部創設の翌年，1982（昭和57）年に創設されました。今年で40周年を迎えます。法制研究所長として，ご挨拶を申し上げます。

　法学部専任教員と委嘱研究員で構成される本研究所は，「諸外国および我が国の法制文化の研究を通じて，学術と社会の進歩発展ならびに国際理解の増進に寄与すること」を目的としています。本研究所は，この目的を達成するために，（1）外国法制および国内法制関連資料の蒐集，（2）学際的ならびに国際的研究交流，（3）研究員の調査，研究活動の助成，（4）研究成果の発表および普及など，研究員の研究に必要な事業を行っています。

　具体的には，スタッフセミナーの開催を通じで研究員相互間の研究交流を行ったり，研究支援のために研究支援費も支給しています。また，研究成果を発表するツールとして「立正大学法制研究所研究年報」を発刊し2022年3月発刊の最新号で27号となります。

　近年の本研究所の中心的事業は，法学部と連携して毎年公開で開催する「法学部・法制研究所主催シンポジウム」です。同シンポジウムの源流は，創設当初から実施されてきた「共同研究」にあります。現在の形式になったのは，「児童虐待」をテーマとした2004（平成16）年の第2回シンポジウムからとなります。それ以降，時宜を得たテーマを設定してシンポジウムを実施し，2007（平成19）年の第5回シンポジウム（「地域政治・行政とモラル―市民参加を通じての日米の実践から」）以降は，その内容・成果をグリーンブックとして発刊しています。今回の第16回法学部・法制研究所シンポジウムも，活動の一環として，このグリーンブックにまとめられます。

　法制研究所は，これからも先人の研究員のご尽力に感謝しつつ，社会に貢献できるよう研究員の研究を支援・実現してまいります。

目　次

開会の挨拶

丸山：皆さん，こんにちは。本日は立正大学法学部創立40周年記念シンポジウムにお越しいただきまして誠にありがとうございます。パネルディスカッションに先立ちまして開会の挨拶を川眞田嘉壽子法制研究所長からいただきたいと思います。川眞田さん，よろしくお願いいたします。

川眞田：ただいまご紹介いただきました，立正大学法制研究所長の川眞田嘉壽子でございます。本日は立正大学法学部・法制研究所シンポジウムにご参加いただきありがとうございます。立正大学法学部・法制研究所は毎年この時期にシンポジウムを開催しておりまして，今回で第16回目を迎えました。立正大学法学部は1981年に本学の第6番目の学部として設置をされ，今回は法学部創立40周年を記念するシンポジウムとなっております。

川眞田嘉壽子

　本日のテーマ，『刑事司法・少年司法の担い手教育～司法の課題と大学教育のこれから～』の主旨につきましては後ほど丸山さんのほうからご紹介があると存じますけれども，刑事司法・少年司法の担い手をどのように大学として養成していくのか，今日の大学教育の重要課題の1つであります。立正大学法学部は昨年，矯正・保護教育課程を整備されている先駆的な大学であります龍谷大学の矯正・保護総合センターと協定を締結して，この課題に積極的に取り組むこととといたしました。

　今回のシンポジウムは立正大学法学部がそうした取り組みへの新たな一歩を記念するに相応しい企画でありまして，刑事司法・少年司法の各分野の著名な専門家・実務家の皆さまのご登壇いただけますことを心より感謝申し上げます。素晴らしいご登壇者の皆さまによるご講演・パネルディスカッションから，本日多くを学ぶことを楽しみにしております。本日はどうぞよろしくお願いいたします。以上を持ちまして開催の挨拶とさせていただきます。

企画趣旨

丸山泰弘

丸山：川眞田さん，ありがとうございました。今日のイベントは皆さん，「さん」付けで呼ばせていただきたいと思います，よろしくお願いいたします。

　私は丸山泰弘と申します。立正大学法学部で刑事政策，犯罪学を担当しております。では本日の企画主旨をあらためて皆さんと確認のためにパンフレットを見ていただきまして，そのパンフレットにある企画主旨を読み上げながら，本日の企画主旨を説明させていただきたいと思います。

　本日のテーマは『刑事司法・少年司法の担い手教育～司法の課題と大学教育のこれから～』ということで進めさせていただきます。1908年から100年近く運用されていた旧監獄法が刑事収容施設及び被収容者等の処遇に関する法律として改正され，2006年に施行されています。本法では変わりゆく矯正の現場での課題とそれに対応するために，そして新たに特別改善指導を加えるなどの刑の個別化の実現が目指されています。また保護観察等の更生保護を担う更生保護法は2008年に施行され，それまでの執行猶予者に関する部分と仮釈放者に関する部分とが統合され，新たに社会内処遇の課題に取り組んでいるという状態です。少年法に関しては皆さんもよくご存じかと思いますけども，改正の動きは激しく，この20余年の間に，今度改正されるのも含めまして5度の改正が行われていることになります。このように対象となる者とその現場で活躍されている矯正・保護，少年司法，家庭裁判所等々の担い手を取り巻く環境というのは大きく変化しています。

　その一方で矯正・保護等を担っていく若手を育む大学教育は必ずしも十分な状態ではないのではないかというのが私の問題の核心です。大学等で矯正・保護等の実務と理念を学べるのは，そんなに多くの大学で実施できているものではなくて，先駆的なものは龍谷大学で用意している矯正・保護課程のみではなかろうかと考えています。さらに全国では刑事政策学の授業や講

座は減少し続けており，犯罪とそれを取り巻く人や施設，制度を学べる環境は減少していると言っても過言ではないと思います。

　近年，社会福祉士試験の科目として採用されている更生保護分野，「刑事司法と福祉」として新たな名称とともに，社会福祉士に必要な知識を深める改革が行われていますが，これもまだ発展途上ではないかと思われます。

　このような激変する刑事司法の課題がある中で，矯正・保護等を取り巻く大学教育の現場では時代に沿った変化をしてきているのでしょうか。立正大学法学部では2020年に龍谷大学矯正・保護総合センターと協定を結びまして，今後の矯正・保護，そして家庭裁判所調査官などの養成していく教育に力を入れていこうと考えております。

　そこで本シンポジウムも成人矯正・少年矯正・更生保護・家庭裁判所のそれぞれの一線で活躍されている方々，現役の方もいらっしゃいますけれども，現代の刑事司法的課題を検討いただくと同時に，これからの矯正・保護，少年司法を担っていく学生たちに何が必要か，夢を語っていただいて一緒に考えていきたいと思っていますので，そういった話題提供をいただき，参加者全員で検討をすることとしたいと考えております。

　企画主旨は以上です。本日の基調講演を一橋大学名誉教授，元龍谷大学矯正・保護研究センター長の村井敏邦さんからいただきたいと思います。

　　※本シンポジウムは2021年11月27日に開催された。登壇者の肩書きや法改正に関する部分は，シンポジウム当時のものである。

4

基調講演
「大学における矯正保護教育の課題」

村井敏邦

村井：村井でございます。私と立正大学は2014年に丸山さんとの関係で授業を1年間担当いたしました。自己紹介を兼ねて，その時の授業の1つを紹介していきますと，立正大学における授業「カラスの犯罪」というようなタイトルを付けて，2014年前期の刑法入門の授業を行いました。京都の伏見稲荷，龍谷大学の近くなんですけれども，伏見稲荷大社の参道でボヤが起きた。その参道近くの樹齢100年ほどの大木の上部2メートルほどが焼けて，根元の落ち葉も燃えたがすぐ消し止められた。これの犯人は誰だということで犯人捜しが行われ，府警の伏見署がカラスが犯人だ，カラスが火のついたろうそくを3本くわえていた。そのカラスがろうそくのような火種を木に落としたという目撃情報もあるということで，カラスが犯人だというようなことに伏見署の発表が行われたんですね。一体カラスは罪を犯すのか，カラスの犯罪なんてあるのかというようなところから刑法の対象というのは何なんだと，やっぱり人じゃないかと，刑法は人の犯罪だけを裁くんで，カラスは裁かれないんで，カラスの犯罪というのはおかしいんじゃないかというようなところをつかみどころにして半年間，授業をしたというのが，立正大学との最初の接触だったわけですけれども，その立正大学法学部が40周年迎えられるということで，大変おめでたいことですので，私もパネリストとして少しお話をしようということで，今日の講演を引き受けた次第です。

　今日のテーマは矯正・保護の担い手，担い手養成の問題だということで，大学教育における矯正・保護の担い手養成というのはどういうことになるのか，どうしたらいいのかということなんですけれども，まず大学教育は何かということで考えていきたいと思います。古くから議論があった，ジェネラリストの養成かスペシャリストの養成かということで，むしろ大学教育の前期分はジェネラリストの養成で，専門に入りスペシャリストを養成するとい

うわけです

　哲学だとか心理学だとか基礎的な科目，そういういわゆる一般教養と言われるものに重点を置いて，そこで全般的な見方ができるという人が，さらに専門に入って専門的な技術なり教育を身に付けるというので，ジェネラリストの養成，一般教養を重視するというのが基本的な概念，考えだったと思うんです。しかし，現実は，学生たちの多くは一般教養というものに対してはどちらかというとソッポを向くという傾向が強く，むしろ早く専門に入りたい，あるいは技術を身に付けたい，資格を取りたいというような傾向が強くみられるようになった。私が立正大学で授業をしていた時も学生の中には法学検定でしたか，のようなものの問題集を見ているという学生も何人か見かけました。ともかく早く資格を取りたいというような傾向が強くて，一般教養なんて面白くもないし退屈するだけでというようなので，一般教養を重視するという大学教育の担っていた本来と言いますか，少なくとも大きな部分がどちらかというと軽視されるという傾向が強くなってきた。そこでどうするかということで，むしろ専門教育というものを一般教養化するというのがどちらかというと最近の大学教育の一般的な傾向ではないか。専門教育をそこでやるというよりか，専門科目，専門教育というか専門科目を一般教養の1つとしてやっていくような形になっていったんではないだろうかというように思われます。

　しかしジェネラリストの養成，一般教養的なものを身に付け，さらにそこから専門家が育っていくという，この2つは一応大学教育が目指したものですので，その養成，ジェネラリストの養成とスペシャリストの養成の両立というのはできるか。先ほど言った専門教育の一般教養化というのは1つの方法ではあるんですが，そうすると専門教育というのは専門家が育つというような教育という形にはならない危険性がある。むしろ両立の第二の方策として2つの方策が考えられる。1つは大学院による専門家の養成。大学院を専門家養成の場にする。それの近年の1つの方向というのは法科大学院だったんですが，だったという言葉を使いますけれども，必ずしも成功しているとは言えないところがあります。大学院による専門家養成というのもうまくいかないところがある。大学によってさまざまだということになるので，これ

は一般的に大学院において専門家養成を行うということで，一般化することはできないだろうということになります。もう一つの方法は専門コースを設置するということで，先ほど来，話に出ております，龍谷大学ですね。私は龍谷大学に2000年に就職して2010年まで10年間おりましたけれども，龍谷大学は元々，古くから矯正・保護課程というものを設けていました。

　2002年からは，矯正・保護課程という教育課程だけではなくして，矯正・保護研究センターというのを設けまして，研究の面にもいわば力を入れるというので，矯正・保護研究センターで私はセンター長を2010年に定年までやっておりましたけれども，現在はそれをさらに統合して矯正・保護総合センターという形に，格上げなんでしょうか，性格が多少広くなりました。このように，龍谷大学は古くから矯正・保護課程というのを持っていて，この矯正・保護課程が矯正・保護の担い手を養成していた。現に矯正・保護課程から矯正・保護の専門家が育つということもありますし，必ずしも矯正・保護の専門家ではない人も含めて矯正・保護課程の科目を聞き，社会に飛び立っていくという人たちが生まれているわけですね。龍谷大学においては先駆的なそういうコースを持っていたということです。立正大学においてもこの矯正・保護課程を設けるという方向で考えられておられるようで，大変嬉しい話だというふうに思います。

　しかし，全国的には，立正大学ができると第2番目ということで，全国の大学には極めて少ない状況になっています。極めて少ないというところから考えても，担い手養成には大変大きな課題があるということになるわけですけれども，養成のための制度的・財政的基盤というものがない，それを確保する必要がある。なぜそれがないのかということは，政府の施策に問題があるということが第一に考えられるわけです。政府の施策，この問題に関わる政策・制度としては刑事司法改革，監獄法改革というのが行われてきています。刑事司法改革において先ほど出た1つの方策である法科大学院というのが提案されたということにはなるんですが，そういう意味で何らかの形で少し専門家養成，矯正・保護の担い手養成にプラスになるような1つの方向性も司法改革の中で実現しようというのはあったんですけれども，また監獄法改正というのも行われて，先ほど丸山さんの話にもありました監獄法を変え

て刑事施設法などというような名称変更を含めて改革が行われた。それによって監獄行政も受刑者の処遇等も変わってきています。そこでじゃあ矯正・保護の担い手養成はどう考えられていたかということですが、ほとんど考えられていないと言っていいですね。この刑事司法改革においても監獄法改革においても、いずれの改革でも担い手論はないと言っていい。そのないことの1つの表れというのは何かと言うと、先ほど指摘があったように、各大学において刑事政策の科目が少なくなっている、それはなぜか。

　司法試験科目から刑事政策が排除された。かつてはあったんですけれども削除された。1つの資格である法律家になる資格の中から刑事政策というのは必要ないということになると、大学においてもそれを設置する、置くということが少なくなっていくということになるので、むしろ財政基盤、矯正・保護の担い手養成のための制度的・財政的基盤の確保というのに逆行する、否定するような傾向が政府の施策の中にあるということになる。これではどうしようもないなということになるんですね。むしろだからこれをなんとかしなければいかんということになるわけですが、矯正・保護課程もできておりますが、龍谷大学において矯正・保護課程というのがコースでありますけれども、しかしそれが正規のコースというふうにして、そこを出れば矯正・保護の担い手になれるというような正規コースとしてあるわけではない。これはやはり正規コース化すべきだ。それから矯正・保護課程でさまざまな矯正・保護に関わる科目が教えられている、教育されているわけですけれども、設置されて教育されているんですが、その矯正・保護科目がいわゆる大学の科目、それを取れば卒業できますよという科目として認められているかというと必ずしもそうではない。正規科目化されていないところがあるので、これを正規科目化する必要性がある。最低限これぐらいはないと、担い手養成の1つという、制度的な保証ということにはならないことになります。

　もう一つは養成のための理論と実務の提携というのが必要なわけですね。矯正・保護の担い手というのは実務家を生み出すことですので、そこで先ほど言った司法改革の中の1つとしてのロースクールを1つ例として挙げたわけですけれども、ロースクールの場合にも必ずしもそこを出れば資格が取れるというのではなくして、さらに司法試験を受けなければならないというこ

8

となので，もう1つハードルがあるわけですけれども，現在の矯正・保護課程の場合には，到底，法科大学院のようにさらに試験を受ければというような形にもなっていないところがあって，それをなんとかしなければいかんだろうということになるんですが，基本は実務家養成の場であるということからすると，実務と理論というものが提携していかなければならない。そういう提携の場を作る，それが矯正・保護課程のような場であるということですが，これが全国的に設置される必要性があるのではないかということになります。さらにそれを支える理論的な進化・発展の場を設立する必要があるということで，先ほど言いましたように，例は，龍谷大学矯正・保護，最初は研究センターだったわけですが，総合センターというようなものを設ける必要があり，それに財政的措置というのをつけるということが必要だろうと。これが政府の施策等に対する1つの提言であり，そういったことを確保していくという今後の問題になっていくだろうというふうに思います。

　さらにその理想を形作るのが担い手論というものが構築される必要があるわけですが，一体，矯正・保護の担い手養成の理念とはなんだろうかということですね。実は先ほど言いました，司法改革や監獄法改正というのも理念を持って出発したわけですが，最近の制度改革にはこの理念というものが喪失しているきらいがある。とりわけ，例えば少年法改正というのがありますけれども，一体，少年法改正は何のためにやるのかというのが必ずしもはっきりしない。少年法に問題があるから改正するのかというとそうでもないというようなので，制度改革の理念が喪失されている。その場，その場でなんとか良ければいいじゃないかというので行われて，パッチワーク的と言いますか，筋が通らない。それではいかんのですね。やはり理念が必要で，矯正・保護の担い手養成に，なぜ矯正・保護の担い手養成が必要なのか，その理念は何なんだということがきちんと議論されていく必要があるのではないかというふうに思います。その理念ということを考える上から，一体，矯正・保護の担い手に必要な条件というものは何だろうかというのを考えていきます。ここで私は2人の実務家のつぶやきを紹介します。学生たちにもこの2人のつぶやきを言うんですけれども，ある矯正マンですね，矯正の専門家である人がつぶやいたことがある。監獄法改正のための懇談会をやってい

　る時，私ら学者が理想を一生懸命言う。それに矯正の実務をやってる人は少し辟易した，少しじゃない，だいぶ辟易したんでしょうが，だいぶいろいろ論争があったんですが，実務家にはなかなか理想論というのは通じないんだなと思っていた，その最後の会の後ですかね，その人が「理想ばかり言う学者も困り者だが，理想をなくした実務家はもっといけない」ということを言ったんですね。つぶやいた。これは大変嬉しいといいますか，そうだ，私らも理想を言いながらそれだけでは通用しないだろうという気持ちも持ちながら，しかし理想を言う人間がいなきゃだめだろうということを言ってきて，言ったことに対して実務家のほうから「理想をなくした実務家はもっといけない」ということを言われた。「ちゃんと評価してくれているんだ」というので，このつぶやきをした人とはその後もいろいろとお世話になっておりますけれども，この理想というものですね，実務家も理想だけではいかないけれども，理想をなくしちゃいけない。その意味で矯正・保護の担い手も理想を持たなければいかんということになるわけですね。これが1つ。もう1つは，これはある検察官のつぶやきです。この検察官は司法試験委員をやっていた時の相方をやったことがあるんですけれども，私の目から見ると出世街道まっしぐらというふうに見える検察官が，司法試験の口述の試験の後にこういうことをつぶやきました。「受験生がこんなに人権意識がなくては困りますね」というふうにその検察官が言ったんですね。

　私は「ちょっと失礼だけれども，あなたのような検察官からそんな言葉が出るというようには思っていなかったです。あなたがそういうふうに感じられるとしたら，私なんかが受験生も人権意識がなくちゃ困るなとずっと思っていたというのはもう当然なんですね」「そりゃそうですよ，検察官の実務をやっていて，人権，人権とばかりは言えない。人権と現実の中で悩んで，悩んで，現実を優先することもあれば，やはり人権を優先しなければならないという，この悩みが必要なんだ。しかし人権意識が元々なくては悩みようがない。それでは実務家としてはだめなんだ」ということをこの検察官が言った。この2つ，理想と人権，この意識，この2つがもし理念として言うならば，この矯正・保護の担い手養成のための理念にもなるんじゃないかというように思っているわけです。

　最後に簡単にまとめておきますと，矯正・保護の担い手養成に大学教育は何を寄与できるか。これが今日のテーマになるわけですけれども，先ほど来の私の話では，大学教育というのはスペシャリスト養成とジェネラリスト養成であると。その両者を両立させていかなければいけないということになるわけですが，矯正・保護の担い手もスペシャリストではあるんですが，しかしジェネラリストというのを基本に据えたスペシャリストでなければならない。特に矯正・保護というのは人を相手にします。その人の中で，特に人間関係を扱う仕事というふうに私は考えております。その意味では，スペシャリストの要素とジェネラリストの要素，どちらの性格も必要ではないかというように思っております。矯正・保護の実務というのは人間を扱うという意味で，人間関係あるいは人間性というのが，実務家としても現れ，相手方の人間性も大事にするという，この人間性というのを大事にする仕事だというふうに考えておりますが，この人間性の基本にあるのが，先ほど言いました，理想と人権意識だということで，理想と人権意識を根底にして人間性をきちんと見て，自ら人間性を表して，人間性を相手方の被収容者あるいは少年たちの人間性を大事にして行う，そういうようなことを大学教育の中でどれだけ身に付けられるか。なかなか現在の大学教育の中でこういった教育を行うというのは難しいとは思うんですけれども，しかし基本的なところですので，ある意味で教員，教育をする人間とそれを受ける人間とが，生の人間性でぶつかっていく場というのが教育の場だろうと思うんですね。それをきちんと身に付けていく，身に付けることができるような教育を行うということに，担い手養成の根本があるのではないかということを考えております。

　以上，非常に簡単ではありますけれども，私の基調講演としたいと思います。

丸山：村井さん，ありがとうございました。

丸山：まだ少し時間があります。もう少しこの部分話したいなというところがあれば話していただいてもいいですし，私から何か簡単にできるような質問をするというのでもかまいません。

村井：そうしてください。

丸山：貴重なお話ありがとうございます。今お話聞いていて，やっぱりまだまだ制度的・財政的基盤の確保が必要であろうし，正規科目化していくことも大事だろうということになろうかと思います。私は2018年から20年にかけて村井先生も行っておられたバークレーのロースクールで犯罪学を勉強しに行っていました。そのバークレーのロースクールの犯罪学や刑事政策がらみの授業ももちろん出たんですが，それ以外でのクリミナルジャスティス（Criminal Justice）とかクリミノロジー（Criminology）の教育がどんなものかというのを知りたくて，州立大学などもいろいろ周っていて，とても面白い体験をしました。バークレーのロースクールよりも州立大学に来てる学生のほうが卒業後にはポリスオフィサーになるとか，あとは刑務官になるとか保護観察官になりたいと実務の面で出て行きたいという学生が多かったことです。そこで参加していた授業で面白かったのは，日本でもそうですけれども，模擬裁判をやりますよね。そこで経験したのは模擬の，parole board（仮釈放委員会）をやったんです。被収容者の役をする人，parole officer をする人，被害者の役割をする人，いろんな人が入って，どういう人なら仮釈放で出ても大丈夫か，といったことを話し合いました。それ以外の日でも，憲法などに力を入れていて，人権感覚を磨くための授業が徹底されていました。日本では経験したことがないもので楽しかったなという思い出があります。ちょうどその時に，別の研究としてアメリカの犯罪学・刑事政策の発展になっていく根源や過程を調べていた時に，どうも1960年代に入ってからアメリカでも刑事政策とか犯罪学という分野が爆発的に広がっていきました。その背景には1967年の大統領諮問委員会が影響しています。「自由社会における犯罪への挑戦（The challenge of crime in a free society）」ですね。興味深いコンセプトが出て来ました。犯罪等向き合う実務の人たちをどんどん輩出し，司法の役割を担う人をどんどん輩出していこうという流れが出た後に，いろんな法律ができると同時に，司法省の中に刑事政策プログラムというのが1969年に打ち出されました。法執行援助局 LEAA が組織されて，この主導で全国の大学で刑事政策プログラムをやるための予算がつきました。

財政的基盤がしっかりとつく。その後，法執行教育プログラム LEEP が打ち出されます。さらにそこの場面を学んでいく人に奨学金を出して，大学でそれを学んで現場の officer になっていくというシステムが出来上がります。こういった人たちを支える財政的基盤が出たというのがあって，その後に現場の人を輩出するという流れから，より学問的にも学術的に変わっていき，きっかけはやはり大幅に大学にプログラムを作る基盤を作って，さらにそこで学ぶ学生に奨学金を大量に出したという基盤があります。その LEEP が廃止された後も，もうそれまでに10年〜20年と大学でその下地ができていたので，今も Criminal Justice や Criminology がもうしっかりと存在しているような土台を作っていったということを聞きました。前置きが長くなりましたが，日本でこういった分野の勉強をしたい学生のために，大学その他でその財政的基盤はどうやって今後やっていったらいいでしょうか。

村井：今，アメリカの話が出たので言いますと，アメリカの場合にその財政的なものっていうのは単に政府が出すわけじゃなくて foundation ですね。しかも企業が，大企業が必ずそういうのに寄付していかないと，財政援助をしないと，その企業のいわばイメージが高くならないということで，社会的貢献の1つとして，フォード，当時の，1967あたりの一番の foundation はフォード foundation ですね。

　それが大量な，大規模な寄付というか基金を提供するわけですね。そういうことが必要だと思うんです。日本でもないわけではない。例えば私も最初の研究書を出した時は，経済界からの資金を得て本を出したというのがあります。だけど大規模な司法改革などに金を投ずるというのはまだ全然ないわけですね。やっぱりそういうものが，財政的な基盤を作るには政府，国民から税金からというだけではなくして，むしろ企業が大きな寄付をしていく，それが社会的貢献として認められるということが，少なくともアメリカの場合には行われる。イギリスもそうですけれども。それともう一つは財政的基金もそうなんですけれども，今イギリスなどは要するに民間のいろいろな団体が，矯正・保護などについての団体が積極的に政府に提案し，その提案を政府が受け入れるわけですね。それで提携してやっていくということがある。

日本は受け入れないわけですよ。矯正・保護研究センターなり，矯正・保護総合センターでの提案を受け入れて，それを実現していく。そして研究費を出して，さらに研究をさせるというような形が，民間のそういう研究機関だとかはもうたくさんあるわけですから，そういうのに資金を提供したり，あるいはそれを大事にして，少なくとも提案を受け入れていくというような形が必要なんじゃないかなと思いますね。だから単なる財政的な問題だけじゃなくて，やはりまさに民間の声を聞いていく。そして民間からのいろいろなコントリビューションですね，さまざまな形での，ともかく，アメリカの場合コントリビューションをするっていうのは非常に重要なことなんですね。学校もそうですけれども，小学校でも企業がコントリビューションをするという中に，金を出すだけじゃなくて，学校で授業をやる，あるいは話に行く，こういうコントリビューションでもいいわけですが，日本は外に対して排除しちゃうわけですよね。父母が中に入ろうとすると，どちらかというと協力を得るというよりか，あんまり口出さないでくださいというような拒否的な態度になる。しかし，公的なところがもっとこう心を広くして，いろんな声を聞いて施策を実現していく。それに関わる，多くの人々が関われるような仕組みを作る。それが基本的に必要なんじゃないですかね，ある意味では財政的な問題よりかはそういうオープンマインドというのが，施策を作ったりそれを実施する側にないと言っていいんじゃないでしょうかね。

丸山：分かりました，ありがとうございます。今日の参加者の中にも法務省関係の方々もいらっしゃいそうなので，是非引き続きドアを叩いていきますので，もう少しドアを開いていろいろ議論できる場ができていけばいいなと，今の話を聞いて思いました。基調講演ありがとうございました。

シンポジウム　第1報告
「成人矯正の現場から」

丸山：では引き続き，ここからそれぞれ成人矯正の立場，更生保護の立場，少年矯正の立場，そして家庭裁判所の立場から，それぞれ登壇者にお話をいただきます。

　最初にお話いただくのは菱田律子さんです。元浪速少年院長で，元和歌山刑務所の首席矯正処遇官をされていた方です。成人矯正の立場から現在の課題と大学教育，担い手教育に夢や希望，こういうことがあったらいいなということを話していただけたらなと思います。菱田さん，よろしくお願いします。

菱田律子

菱田：ただ今ご紹介いただきました，菱田律子でございます。私は和歌山刑務所の処遇現場で9年間勤務，退職後，2020年度末まで篤志面接委員としてボランティアをしていました。和歌山刑務所1施設，それも女子刑務所という限られた経験にもかかわらず，「成人矯正の現場から」と題してお話するのは大変おこがましいことですが御了解ください。

　まず，担い手教育として「刑務官・法務教官のすすめ」と題してお話します。

　刑務官になるには，刑務官採用試験を受験してください。法務教官になるには，法務省専門職員（人間科学）採用試験を受験してください。法務省専門職員（人間科学）採用試験には，矯正心理専門職・法務教官・保護観察官の3つの職種がありますが，いずれか1つを選んでください。重複受験はできません。なお，刑務官・矯正心理専門職・法務教官は，男子は「A」，女子は「B」，男女別で募集しています。ジェンダー平等の時代に合わないのではと感じられる方もあるかと思いますが，犯罪者・非行少年の男女比がおおよそ9：1であり，御了解ください。

　刑務官の受験資格は，試験年度の4月1日において17歳以上29歳未満，高卒程度です。7月下旬の定められた期間内にインターネットで申込，第1次試験は9月の日曜日，第2次試験は10月の指定された日時です。

　法務教官の受験資格は，試験年度の4月1日において21歳以上30歳未満，短大卒程度です。3月下旬から4月上旬の定められた期間内にインターネットで申込，第1次試験は5月下旬又は6月上旬の日曜日，第2次試験は7月の指定された日時です。

　なお，大学卒業者については，初任給決定の際に学歴加算されますので御安心ください。

　採用試験の詳細については，法務省のホームページで確認してください。

　給与ですが，刑務官は公安職（一），法務教官は公安職（二），どちらも行政職よりも12％ほど高く，扶養手当・通勤手当・超過勤務手当・期末勤勉手当等が支給されます。

　勤務ですが，刑務官は刑事施設（刑務所・拘置所），法務教官は少年施設（少年院・少年鑑別所）で勤務します。刑務官は，日勤者（庶務課・会計課・用度課・医務課・作業・分類・教育・処遇事務・工場担当職員等）と昼夜勤務者（4部制，4日に1回の夜勤）に分かれます。法務教官も交替制勤務ですが，勤務体制は施設規模等によって異なります。どちらも1週当たり38時間45分の勤務時間で週休2日制，年次休暇・特別休暇・育児休業等があります。

　研修ですが，刑務官は1年目に初等科，その後は入所試験を受ける必要があります。中等科入所試験を受験し卒業すれば副看守長・係長への道が開かれます。法務教官は1年目に基礎科，おおむね5年目に応用科，その後は専門官として中堅職員の仲間入りをします。刑務官・法務教官ともに高等科入所試験を受験し卒業すれば幹部職員への道が開かれます。

　さて，Q&Aです。

　Q1　刑務官採用試験と法務省専門職員（人間科学）採用試験の併願は可能か？
　A1　可能です。試験日程が異なります。

Q2　刑務官と法務教官，人事交流はあるのか？

A2　あります。刑務官の場合は中等科・高等科，法務教官の場合は応用科・高等科を卒業すると人事交流の可能性が大きいです。

Q3　男性が女性施設，女性が男性施設に勤務することはあるのか？

A3　あります。近年，人事交流が進められています。

Q4　刑務官の体力検査とはどういうものか？　法務教官の体力検査は？

A4　上体起こし，立ち幅跳び，反復横跳びの3種類，基準に達しない場合は不合格になります。法務教官には体力検査はありません。

Q5　宿舎のメリット・デメリットは？

A5　メリットとしては，施設隣接宿舎の場合は公安職の特例で無料であること，通勤の負担がないことです。デメリットとしては，非常ベル登庁の義務があり拘束感があることです。職住接近の人間関係が負担になる人もいるかと思います。

Q6　制服のメリット・デメリットは？

A6　メリットとしては，職員としての一体感・連帯感があること，経済的であること（着るものに迷わなくてすみます。），外来者・保護者から職員として信頼されること，オン・オフが切り換えられることです。デメリットとしては個性がないことです。個性は各自の人間性で発揮してほしいと思います。

　ここからは，「成人矯正の現場から」と題してお話します。

　まず，「矯正統計」を見てみましょう。2010（平成22）年の入所受刑者のうち男性は24,873人，女性は2,206人です。2020（令和2）年の入所受刑者のうち男性は14,850人，女性は1,770人です。大幅に減少しています。ところが，70歳以上の男性高齢受刑者は2010（平成22）年の763人から2020（令和2）年には1049人，女性高齢受刑者は2010（平成22）年の126人から2020（令和2）年には245人と増加しています。罪名では，男性高齢受刑者の56.7％，女性高齢受刑者の93.1％が窃盗（多くは万引き）です。高齢受刑者の処遇が，現在の刑務所の課題です。詳細は「犯罪白書」を参照してください。「矯正

統計」についてはインターネットで検索することができます。

　次に，受刑者の処遇です。受刑者の処遇とは「その者の資質及び環境に応じ，その自覚に訴え，改善更生の意欲の喚起及び社会生活に適応する能力の育成を図ることを旨として行うもの（刑事収容施設法第30条）」です。入所者には，刑執行開始時の調査を行い，処遇指標の指定，処遇要領の策定，同時に刑執行開始時の指導を行います。それが終わると，矯正処遇として作業・改善指導・教科指導を行います。併せて就労支援・福祉的支援を行います。釈放前の2週間は釈放前指導として社会復帰の心構え・保護観察制度・社会保障等の指導を行います。

　処遇指標とは，受刑者の属性及び犯罪傾向の進度のことです。執行刑期が10年以上の者は「L」，可塑性に期待した処遇を行うことが相当な26歳未満の者は「Y」，犯罪傾向が進んでいない者は「A」，犯罪傾向が進んでいる者は「B」，女子は「W」などです。例えば，26歳未満で犯罪傾向が進んでいない女子は「WAY」，執行刑期10年以上で犯罪傾向が進んでいる男子は「LB」です。他の指標については「犯罪白書」を参照してください。

　矯正処遇の種類は，作業・改善指導・教科指導です。作業には，一般作業（生産作業・社会貢献作業・自営作業）と職業訓練（溶接・自動車整備・情報処理・介護福祉等）があります。自営作業とは刑務所の運営に必要な炊事・洗濯・清掃等の作業のことです。改善指導には，広く受刑者に対して実施する一般改善指導と，必要に応じて実施する特別改善指導（薬物依存離脱指導・暴力団離脱指導・性犯罪再犯防止指導・被害者の視点を取り入れた教育・交通安全指導・就労支援指導）があります。教科指導には，中学校程度の学校教育に準じた補習教科指導と，高校程度の特別教科指導があります。希望者には，矯正施設内で高校卒業程度認定試験を実施，毎年，合格者がいます。

　さて，Q&Aです。

　Q1　刑務所の食事は「臭い飯」って，本当？
　A1　限られた予算ですので高級なものは出ませんが，栄養価を計算して3食給与されます。

毎食,「検食」と言って毒見をしていましたが,大変おいしく,決して「臭い飯」ではありません。妊産婦・高齢者・体力の消耗が激しい作業に従事している者・宗教上の理由から通常の食事が摂取できない者・食物アレルギーのある者等には,配慮しています。

Q2　懲役刑とは強制労働,つまり「ただ働き」?

A2　作業報奨金が支給されます。2019（令和元）年度の一人1か月平均額は4260円です。

Q3　男性高齢受刑者の特徴は?

A3　①概して所持金が少なく生活費に困窮して食料品等を万引きした者,②前科や受刑歴のある者や窃盗のプロ,③アルコール・薬物・ギャンブル依存がある者

Q4　女性高齢受刑者の特徴は?

A4　①概して生活基盤はあり生活費に困窮していないが食料品等を万引きした者,②不安感・疎外感・孤独感・孤立感を抱えている者

Q5　刑務官・法務教官のやりがいは?

A5　収容生活を通して立ち直りつつある姿に接することができることです。また,東日本大震災や熊本地震では矯正施設が地域貢献しています。今後の災害に備え避難所に指定されている施設,訓練や武道等で平素から地域貢献している施設があります。地味ですが,やりがいのある仕事です。

　最後に,刑務官・法務教官ともに,いわゆる「3K」（きつい・きたない・危険）の職場ですが,私としては,「新3K」（堅実・かっこいい・感動あり）の職場であってほしいと願っています。キーワードは「まっとう」です。まずは「真っ当」に生きること,その人なりに納得できる人生を「全う」することを応援する仕事です。自己理解の援助,家族関係の調整,更生保護・福祉・地域と連携を図ることが必要です。それには,開かれた矯正,「矯正」から「共生」へと努力を重ねることではないかと思います。ありがとうございました。

丸山：菱田さん，ありがとうございました。それでは引き続き大場さんにバトンタッチしていただきたいと思います。大場さん，よろしくお願いいたします。

シンポジウム　第 2 報告 「次世代の担い手への期待 ～現在進行形の課題にともに取り組みませんか～」

大場玲子

大場：皆さん，こんにちは。東北地方更生保護委員会（シンポジウム当時）の大場玲子です。本日は仙台から参加しています。私は更生保護に関わる国家公務員として全国を転勤，転居を十数回重ねてきました。これまで行ったところは場所も職場の規模もさまざまでした。東京の保護観察所は日本で最大の更生保護官署でしたし，初めて保護観察所長として勤務した滋賀県の大津保護観察所は職員は14人しかいませんでしたが，どの場所，どの保護観察所に行っても保護観察官だけではなく，それぞれの地元の方々と共に取り組んできました。地元の方々とともにあるということこそが保護観察，更生保護の基本的なありようであると思っています。本日の話はこういったことを踏まえてお話をさせていただきます。

　私が所属する更生保護委員会は法務省の地方機関です。主な業務は刑務所や少年院からの仮釈放の許可や取消し，管内の保護観察所，東北でいえば東北6県ということになりますが，保護観察所の監査，それから保護観察所職員の採用の事務，そういったものがあります。表題は「次世代の担い手への期待」としおりますが，私の話は職員の採用についての技術的な情報提供はありません。本シンポジウムのテーマは刑事司法・少年司法の担い手教育とされているわけですが，期待される担い手やその教育というものを論じる時に，まず更生保護が直面している課題をお示しさせていただきたいと思いました。それは，これまでどおり今までどおり前例踏襲の業務内容，前例踏襲の業務遂行の在り方のままで新しい担い手を大募集，採用するのではなく，現在進行中のさまざまな課題を共有するということで，ご参加の方々，それから大学教育の中にいる方々に更生保護に関心と関わりを持っていただきたいという主旨です。

　刑事司法の流れを見ていきましょう。犯罪・非行は社会の中で発生します。

そして検挙された後，刑事司法の流れに乗って順番に取り扱われていくわけですが，犯罪をした人は刑事司法の各段階でそれぞれの呼ばれ方をします。いわば肩書を変えていくわけですね。捜査段階では被疑者，裁判段階では被告人，刑務所では受刑者，更生保護の段階では保護観察対象者などと呼ばれるわけです。よく刑事司法では川上から川下へという言葉があります。川上は犯罪が発生して捜査される段階，更生保護法は刑事司法の最も川下，最終の段階を担っているということになります。さてここであらためて気が付くことがあります。犯罪は社会の中で起こるものだということ，それから同時に立ち直りは社会の中でしかできないということです。テレビドラマの世界では犯人が検挙されれば一件落着となります。現実の世界でもひとたび事件が起きると，社会の関心はまず犯人の逮捕，次に判決の内容，刑の軽重，重い・軽い，そういったところが一般的な関心事ですが，大事な視点は彼らの人生は検挙後も裁判後も刑務所に送られた後も釈放された後もずっと続いているということです。

　さて更生保護がこれまで直面してきたこと，そして今まさに現在進行形で直面していることについてお話をします。せっかく刑務所から釈放されても刑務所に再び戻る人が多いということです。刑務所から出所した後，再犯で刑務所に戻ってしまう比率が高いという現実があります。出所後5年以内の再入率は約4割という高い割合となっています。これを出所の対応，つまり，仮釈放と満期釈放に分けて考えてみると，仮釈放で出た場合のこの比率は約3割ですが，一方満期釈放だと約5割の人が5年以内に再入してしまいます。つまり裁判で言い渡された刑期を務めたとしても，その後の人生において犯罪とずっと縁を切って生きていく，社会の中で持ちこたえるということがとても難しいということです。

　これは言葉を変えてみれば，矯正処遇に引き続いて実施される保護観察処遇が十分機能していないのではないかという反省にもつながります。限られた人たち，限られた期間しか支援が届いていないのではないか。むろん犯した罪に対する刑罰という刑事司法上の大前提はあるものの，彼らに関わる更生保護がその後の人生を再犯なしで生きていくために十分に適切に行われているのかということを吟味する必要があります。隣接する関係機関・団体と

の連携はしっかりと取れているのでしょうか。社会の中で関わるということは更生保護のみで完結するものではありません。多くの関係機関・団体，そして民間の方々と共に取り組むべきであるのに，それがまた十分適切にできているんだろうかということに思い当たります。一方，犯罪で被害を受けた方々の思いを受け止めについては，更生保護が犯罪被害者の施策を明文化する法律という形で施行されたのは2007年のことで，そこから13年が経過しました。その後，歩みを進めてきたものの，まだまだ不十分であるという思いがあります。

　さて，先ほど隣接する関係機関・団体との連携はしっかり取れているのか，社会の中で関わるということは更生保護のみで完結するものではないと申し上げました。更生保護の関わりは犯罪が契機となっての保護観察ではあるものの，犯罪という切り口のみでは語れないです。彼らはずっと犯罪をしているわけではありませんし，24時間ずっと犯罪のことを考えて暮らしているわけではないのです。1人の人間を犯罪者という属性のみで扱うのはおかしなことです。更生保護は，保護司や更生保護施設といったいわば伝統的な更生保護ボランティアと共に協働して展開されてきた時代が長かった思います。しかし，当事者は，更生保護から見れば罪を犯した保護観察対象者であるものの，同時に地域社会で生きる住民です。さまざまな生きづらさを抱えておりますし，時には医療の面，時には福祉の面の支援が必要な状態であっても，その支援が十分に届いていない，声を上げられない，支援を受ける方法が分からない，そういった場合も少なくありません。更生保護は他の領域の担い手と共に横断的に支援を展開していくということが必要です。よく他機関連携とか有機的な連携という言葉がありますが，これが単なるお定まりの耳障りがいいだけのキャッチフレーズであってはなりません。理想をなくした実務であってはならないという，村井さんのお話のとおりかと思っております。

　次に，更生保護法が目指すことについてお話します。これはまだ現在進行形でもあり，道半ばでもあると思います。彼らが犯罪をしないで社会の中で日々を紡いでいく，重ねていく，持ちこたえていくこと，それは再犯による新たな被害者を出さないということでもあります。そのために取り組んでいる事々です。現在行われている専門的な処遇をさらに展開するということが

取り組んでいくべき大切な課題です。現在，保護観察所では大臣告示によって実施されているものとしては，薬物・性犯罪・暴力防止・飲酒運転の4つの専門的処遇プログラムがあります。専門的な処遇ということはこうしたプログラムにとどまりません。処遇の専門職として適切なアセスメント，見立てを行って，個別の処遇を豊かに展開していくということが必要です。保護観察官が対象者と出会うのは彼らが犯罪や非行をしたということが契機になります。この時点で本人たちはあまり良い状態ではないことが多いわけです。困りごとを抱えた人，生きづらさを抱えた人との出会いが処遇の始まりです。ここにおいて大切な視点があります。それは保護観察の契機になった犯罪事実や非行事実であるとか，顕在化して目の前にある問題点，それだけで指導の在り方を決めていくのではないということです。

　例えば，本件が薬物犯罪なので断薬を指導するとか，薬物再乱用防止プログラムを実施するとか，無職なので就労支援を行うということ，それはそれで大事なことなのですが，それだけにとどまらないということです。彼らはそれぞれどんな人生を重ねてきたのか，道筋を歩んできたのか，そこには問題点と共にストレングスと言われる強みに気づかされることもあります。その上で彼ら自身が地域社会の生活者として間違いや不幸を繰り返さない人生を歩むように関わりたい。そういう視点から見ると，更生保護単体での関与というのはもうありえないわけです。重層的・伴走的に関係機関が連携する，支援を必要とする人と社会資源をつなぐ，協働するということが重要になります。そして犯罪被害者の思いに応える。再犯によって新たな被害者を生まないように取り組むという姿勢になります。次世代の担い手への期待ですが，更生保護の中にいる保護観察官のみならず，また刑事司法だけにとどまらず，社会の中で人に関わっていく人たち，対人援助職も含めて，プロである対人援助職も，それ以外の民間の方々も共につながって連携していくこと，それこそが次世代への期待ということでもあります。

　資料の最後のスライドにはQRコードを載せていますので，是非ホームページの他，Twitterとかインスタグラムをのぞいて欲しいと思います。フォロワー増やしたいですし，仲間も増やしたいと思います。皆さん，どうもご清聴ありがとうございました。以上です。

丸山：大場さん，ありがとうございました。すみません，お話を振る時に，大場さんの所属等々を私から言うのを失念しておりました。東北地方更生保護委員会の委員長をされている大場さんでした，ありがとうございました。

　引き続きまして，少年矯正の立場の観点から，八田次郎さんにお話いただきます。八田次郎さんは元小田原少年院長をされておられました。では八田さん，よろしくお願いいたします。

シンポジウム　第3報告
「矯正〜少年の豊かな未来のために〜」

八田：元法務教官の八田でございます，よろしくお願い
いたします。本日は刑事司法・少年司法の担い手教育と
いうことでございますが，もっぱら少年院・少年鑑別所
の法務教官の仕事ばかりをしてきましたので，それを参
考にしてどのような担い手教育が必要なのか，皆様方に
考えていただきたいと思います。

八田次郎

　まず，少年院にはどういう少年が入っているか，そう
いうことから説明いたします。非行少年はどういう少年か。令和3年犯罪白
書，矯正統計年報によると，知能はだいたい平均すると全体としてはやや少
し低い程度です。ただし，偏差値が65や63の少年も少なからずいますから一
概には言えません。問題は知能偏差値と学力偏差値に大きな乖離があること
です。勉強どころではなかったのですね。学歴は，高校中退と中学校卒業を
合わせると64.5％ですから，ほぼ2／3に当たり，とても低いのです。です
から就業が限られた範囲になりやすいのです。次に保護者ですが，実母が
39.5％，4割ですね。実父が8.9％，実父母が32.5％ですから，家庭的にはあ
まり恵まれなかったようです。それから，精神状況ですが，発達障害が
11.7％，それに知的障害，精神疾患を合せますとだいたい2割ぐらいが何ら
かの問題を抱えています。高度情報社会においては，適応上の問題が生じや
すいと言えるのではないかと思います。

　それから，虐待ですが2001年の法務総合研究所の統計を用います。虐待の
調査は難しいのですが，この調査は非常に丁寧ですので，これを参考にしま
す。それによると，身体的暴力（軽度）が64.9％，同（重度）が48.3％，ネ
グレクトが8.2％，性的暴力が3.6％です。これは20年前の統計ですが，現在
はもう少し増加しているのではないかと思います。

　これらをまとめると，少年院の在院少年は，貧困や家庭の不和など生育上
苦難があり，学業も振るわず落ちこぼれたと言えます。それゆえ不遇感が強

くて被害感を持っています。そして，大人や社会に対する不信感を抱き，心の中には，「アンチクショウ，コンチクショウ」という思いがあるのです。元北海道家庭学校谷昌恒校長は，非行というのは氷の水面から上の部分であって，水面から下の部分には少年の言い分がいっぱいあるんだとおっしゃってます。処遇する上ではそれはすごく大事なことです。それから，家庭的には不遇であるけれど，じゃあ赤の他人が踏み込んでいって，何だかんだと勝手に言っていいのかというと，そうではないですね。家族というのはそれぞれオリジナルなんです。一般論で善悪を言ったり，少年の心の中に土足で踏み込んだりしてはいけないのです。家族はかくあるべしとして断罪すると，少年は二重に傷付きます。

　それから，ついでに「心の闇」ということもお話しします。犯罪は社会の中で起こるもの，社会の状況を抜きには考えられません。個人と社会の関係を没却し，もっぱら個人の問題にしてしまうのは，大きな落とし穴があると思います。自己責任論への陥穽と言えばいいでしょうか。

　それではこのような少年に対して，少年院ではどのような処遇をするのでしょうか。五項目ほど説明します。その前に，少しお話しておきたいことがあります。それは，川越児童保護学校という名称を付けた特別幼年監ですが，明治36年に「処遇の方針」を作っております。その第1条に「生徒に対しては一切既往を問わず新たに生まれたる児童として処遇するを要す」というのを掲げているんですね。これはすごいことです。もちろん，方針の中には生徒の家庭や生育歴を知りなさいと，そういうことは書いてありますが，第1条にこれが書いてあるというのはすごいことだと思います。つまり，先入見を排するということ，現象学的アプローチですね。私達は，ついつい先入見で自らの目を濁してしまいます。心理学や教育学の知識があると余計解釈してしまい，実際の対象者を見えなくしてしまいます。よほど注意する必要があります。明治の時代にこういうことを言われたことに，現職当時，大変感銘を受けましたので申し上げます。

　さて，五項目からまず，処遇の個別化ということ。当該少年については家庭裁判所の審判の決定書及び調査官による社会調査記録，少年鑑別所作成の少年簿，それから在院者及び保護者その他の者の意見を参酌して，当該少年

の問題性・必要性に応じて個人別矯正教育計画を策定し，それに基づいて処遇・矯正教育を実施します。

　次に二つ目ですが，法務教官と在院少年との心の触れ合いということ。これは感化とか訓育といわれ昔の感化院の伝統を踏まえた，少年矯正を貫く心棒のようなものです。少年が立ち直るためには自分のことを心配し，認めてくれる存在が不可欠です。その役割を法務教官がするということですね。それによって自己イメージを高め，自己肯定感を培って，自分は悪い人間ではない，善い人間なんだということを認識していく。そして，犯罪者や非行少年という烙印（スティグマ）を剥がすということ，これはとても大切なことです。ある少年院には院是として「常に少年と共に」という碑が玄関先にあります。

　それから三つ目は，少年集団の教育的機能の活用ということ。少年院は，戦後過剰収容に悩まされ，少年集団のインフォーマルグループのために，時に処遇や矯正教育が効果的に実施できませんでした。それで，昭和38年から42年頃，生活指導を充実することとなり，少年集団を教育的に編成し活動させることになりました。ソシオメトリーを活用し，日直とか部屋長，美化係や体育係，レクリエーション係などの役割を作り，集会などを行い，在院少年の自主的な活動を進めたのです。これによって，責任感や協調性が培われ，自分が集団の中で役に立った，仲間の役に立つ，必要とされる存在であるということが分かるようになります。教官は指導しますが，一日24時間一緒の共同生活においては，少年相互の関りや少年集団の影響力が非常に大きいのです。

　それから四つ目は，教育的技法・心理的技法の活用ということ。日記指導，作文指導，読書指導，面接，内観指導，SST，グループワーク，ロールレタリングなど，いろいろな方法で実施しています。例えば，日記指導は，少年がその日の出来事，考えた事や悩み事などを書き，それに教官がコメントをするものです。それから，箱庭療法とか，サイコドラマなど，いずれもそれらは仕事に着いてから研鑽すればいいことです。

　最後の五つ目は，保護者に対する指導ということ。保護者は，子どもが非行に至った責任があるんですね。至らない親だからこうなった，至らない親

でなくても子どもが非行してしまった，そういう責任があるわけです。一方では，少年の立ち直りの最大の協力者という大きな役割を担っています。面会通信はもとより，少年院の教育活動，運動会や各種行事に参加し，少年との交流を図っていただいています。そのために，少年院の教育のあらましや教育の進み具合を記した「保護者ハンドブック」を交付しています。

　さて，処遇のあらましは以上のようですが，一つ付け加えておきます。それは，分類処遇と段階処遇ということです。まず，分類処遇とは，少年の特性，教育的必要性の応じて共通の集団編成を行い，効果的に教育をするためものです。少年院には，非行性の深度，疾患の有無等によって，第一種，第二種（非行深度が深い），第三種（医療），第四種（少年院収容受刑者）の種別があり，更に短期処遇，長期処遇の区分があります。また，本年４月から少年法改正により，保護観察の遵守事項に違反し，その程度が重く，少年院に収容する必要のある少年を収容する第五種少年院ができました。

　もう一つの段階処遇は，入院から出院までを，処遇の段階に応じてより自由度の高い処遇をすることです。他律から自律へ，指導の仕方を変えていくという考え方です。これは，少年達はいずれ社会に出て健全な社会人として生活するのですから，少年院の中でも徐々に社会の生活に近づけるという考え方です。

　さて，こうした処遇の基盤の上に矯正教育を実施します。矯正教育は，教科指導，生活指導，職業指導，体育指導，特別活動指導の五領域で構成されています。教科指導では，義務教育や通信教育のほか高卒認定試験の受験指導や漢字学習の指導などをしています。ある少年は私に「先生，もったいないことした。漢字一つ覚えるのがこんなに楽しいなんて知らなかった」と。多くの少年は教育に恵まれなかったかということでしょう。生活指導は，社会適応力を付けるものから，非行に焦点を当ててその改善を促すものまであり，少年院の中核的な指導です。面接，しつけ指導をはじめ，作文指導や読書指導，役割活動，ミーテインなど，先に記した様々な技法も用います。また，非行や問題性に焦点を当てた特定生活指導として被害者の視点を取り入れた教育，薬物非行防止指導，性非行防止指導，暴力防止指導，家族関係指導，交友関係指導，特定少年には成年社会参画指導が加えられるとともに，

昨今の非行を踏まえて特殊詐欺事案の少年に対する指導も重視されています。

　被害者に関する教育について，これは少し詳しくお話しします。ある少年院に転勤した折，被害者の母親から電話があり，加害少年の様子を30分も1時間も尋ねられるということを聞きました。ちょうど，被害者運動が注目を浴びはじめた頃です。そこで，私達は，被害者に関する教育は，保護処分の理念に合致するものと，考えました。加害の少年達も被害者をほおっておいていいとは思ってないんですね。被害者の方にどう対応すればいいのかと，悩んでいるのです。それで，少年院という保護された環境の中で，被害者に対する慰藉とか謝罪とか弁償を考えさせるようになりました。個室で内省や読書指導，ロールレタリング，被害者に関するビデオ視聴，面接等プログラムをつくり実施します。しかし，被害者に向き合うことは，少年院で完結するものではありません。大切なことは中心に被害者の心情を置かなければならないのです。被害者の方もとても悩んでおられる，一方，加害少年も一生懸命悩んで考えている，加害者被害者を取り巻く人々も悩み考えておられる，そしてようやく時熟，時が熟し，被害者加害者の対話がうまくいくのではないかと思います。ですから，被害者と加害者をアレンジするのはファシリテーターの力はもちろんですが，最後は個人の働きを超えたものがあるのではないかと思っています。

　それから，職業指導は，勤労態度の育成や技能の習得を図っていますが，改正少年法に併せて，職業補導種目をICT技術科，総合建築科，製品企画科とし，従前の指導を充実させ，時代のニーズにこたえるように再編されました。体育指導は，成長期の少年ですから当然必要なことで，毎日時間を確保しています。また，特別活動指導は，クラブ活動や各種行事（運動会，収穫祭，演劇祭，意見発表会，読書感想文発表会）など，保護者にも参加を促し，少年との交流を図れるようにしています。

　さらに，少年院では，宗教教誨師や篤志面接委員，更生保護女性会，BBS，外部協力者など，多くの方に協力していただいています。少年院が閉鎖的にならないように，社会との繋がりをつくるようにしています。少年の面接や教科指導に当たり，時には運動会，盆踊りなども地域の方が参加してくださいます。

　さて，処遇と矯正教育のあらましをお話ししましたので，私の経験から幾つかのことを申し上げます。まずは，法務教官と少年の関係についてです。これはやっかいな問題なんですが，結局，教える者／教えられる者というのは相互主体的な関係にあるのではないかと考えています。教育は，教師が主体で生徒は客体という発想が強かったようですが，学ぶ主体は生徒ですから，教える者／学ぶ者でもあるわけです。それに，教える者／教えられる者は，相互に転換することがあります。教える者は，教えられる者でもあるわけです。また，教官は，生徒に指示し言うことを聞かせるのですから，そこには権威が必要です。これは権力でなく教育的権威です。法務教官一人の権威は大したことはありませんが，職員集団に支えられている教育的権威でもあります。新米の教官がきちんとできるのも，職員集団が支えているわけです。逆に言えば，その職員集団から外れたようなこと，「おれ，できるから勝手だよ」ということになりますと，少年の衆情が乱れることにもなります。上下関係もありますが，それだけでは言い尽くせません。やはり，教育的な権威ということでしょう。さらに，少年院法の前身である矯正院法の法律が審議されているときに，少年院は，「紀律は監獄に，処遇は感化院に」と説明されています。ある少年院では現在でも先生と呼ばないで「寮父」と言っています。家族を擬制して，親子関係のようなイメージです。

　ところで，ここからは少年院の課題について幾つか取り上げたいと思います。まず，少年院の役割は，少年の健全育成に尽きると思いますが，それには再犯防止が重要です。行刑では「居場所と出番」と言われていますが，少年院では支援部門が創設され，帰住地や就業などの指導をすることになりました。効果が期待できると思います。基本的には少年院における再犯防止のエビデンスをきちんと取る必要があるんじゃないかと考えています。例えば，原因論的な発想，問題性や短所を直すような考え方でなくて，何が再犯防止に重要であって，何が大した問題ではないといったことを，科学的にきちんと検討して，対策を講じなければならないと思います。

　二つ目は，処遇の社会化を図るということ。例えば，私語禁止など紀律に関することも，社会の中で通用するような事柄になるように，見直さなければならないと思います。次いで三つ目，支援者の援助をどのように受けるか

ということ。支援者は，従来更生保護会とかBBS，協力事業主ぐらいでしたが，現在は自立援助ホームや少年院OBの会（セカンドチャンス！），NPO等が随分でき，活発に活動をするようになりました。こういう支援者の多様化に合わせて連携を考えていかなければと思います。

　それから次は，いわゆる「子どもの権利条約」への対応を再考すること。日本は人権後進国であり，新しい少年院法ができましたが，「最善の利益」や「意見表明権」，「プライバシーの尊重」などはまだ十分でないように思います。北京ルールズなどの国際準則もありますから，それらを法令や執務の準則に取り入れることが必要です。

　最後は，少年法改正に伴う特定少年及び第五種少年院への対応です。適用年齢は引下げられなかったものの，特定少年の規定には少し疑問の余地もあります。しかし，改正法は運用の幅が少なくないので，少年の健全育成のために努力して欲しいと思います。

　ところで，北海道家庭学校創設者の留岡幸助は，「指導者の資格」という随想を書かれています。それにならい，「法務教官の資格」を考えてみたいと思います。法務教官の資格として，三つほど取り上げます。その一つは人間が好きであるということ。人間は，自分勝手でどうしようもない存在でもありますが，それはそれで仕方ない，人間関係が煩わしくないと思える人ですね。二つ目は，開かれた態度を持っていること。自分の考え方に固執しないで開かれた態度で接すると，相手も心を開いてきます。私の親しい友人の法務教官に「東鑑の金八先生」と言われた方がいます。馬場秀一先生のことですが，先生は法律や心理学や教育学に特別詳しいわけではありませんが，大きな包容力で面倒をみるんです。それで，少年らから，信頼されて「東鑑の金八さん」と呼ばれていたのです。それから，三つ目ですが，学ぶ力があること。法務教官の仕事は現場の実践です。現場は豊かですし，知的な刺激にも満ちています。私は現場主義という言葉が好きですが，現場の実践から学び，そして，研鑽を積んで専門家として成長していく，それが法務教官だと思っています。それらの基礎を作るのは大学教育でもあると思います。

　最後に，法務教官は，非行少年の社会復帰という社会的にも意義のある大切な仕事をしています。少年の哀しみや歓びに寄り添い，共感し，また，そ

れによって自らの人生も豊かにできます。高度情報社会であっても大変リア
ルな場です，リア充なんです。手ごたえがあって，とてもやりがいがある仕
事です。ぜひ，多くの方に法務教官になっていただきたいと思います。あり
がとうございました。

丸山：八田さん，ありがとうございました。最後のパネリストは村尾泰弘さ
んですね。立正大学社会福祉学部の教授で，元家庭裁判所調査官の方です。
村尾さん，よろしくお願いいたします。

シンポジウム　第4報告
「家庭裁判所調査官について」

村尾：社会福祉学部の村尾泰弘と申します。私，17年ほど家庭裁判所に勤務しておりましたが，もう20年以上前の話です。ですから，今日どんな話ができるのか甚だ不安ではありますが，私の知っている家庭裁判所調査官についてご紹介し，そしてその理念等を皆さんに考えていただきたいというふうに思っております。それでは資料を共有させていただきます。資料映りましたでしょうか，大丈夫でしょうか。

村尾泰弘

丸山：はい，大丈夫です。

村尾：大丈夫ですか。家庭裁判所調査官というのはあまりなじみがないかもしれませんので，ちょっと基本的なところからお話させていただきたいと思います。例えば仮に今Aさん，17歳男子，Bさん，17歳男子，こういう少年を仮定してみます。そしてこのAさん，Bさんが同じ30万円のバッグを万引きしたとします。そしてこの2人とも警察で捕まるのは初めて，初犯であったとします。さて，この2人の審判ではどんな結果になるだろうかということなんですね。答えはパワーポイントに書きましたが，要するに同じような結果になるとは限らないということになります。このあたりが刑事裁判との違いということになります。例えば，このAさんはもう家に寄り付かずに，ヤクザの組事務所のようなところで生活しているとします。Bさんは家族との関係も良くて学校にもきちんと通っているとします。これAとBは同じ処遇でいいんだろうかという問題ですね。これは良くはないですね。やっぱりAにはAに対する必要な支援をしていく，BにはBに対して必要な支援をしていく，そういうふうに考えますと同じ処遇にはならない可能性が高いということですね。

　少年事件の処遇は罰を与えるという発想ではないので，どうやって更生させるか，立ち直らせるかという点が中心になります。これに対して成人の事件ではやった行為に対してどういう罰が与えられるかというところが問題になりますが，考え方が違うのです。そういったＡさんＢさんの行動傾向，あるいは家庭環境・心の問題，さまざまなことを考えて審判というものがあるわけですけれど，それを調べて検討するスタッフとして家庭裁判所には家庭裁判所調査官というスタッフがいるということなんです，是非ご理解いただきたいと思います。この家裁調査官は家庭環境であるとか生い立ちであるとか，学校状況・職場状況，交友関係，さまざまなことを調査して，そしてこの少年が非行に至ったのはどういう背景があるのか，どういう原因なのか，そしてこの少年の立ち直りには何が必要なのか，どこをどのように手当をすればいいのか，こういうことを調べる専門家ということになります。そしてこのような専門家というのは地方裁判所や簡易裁判所には存在しないスタッフということになります。ご理解いただけますでしょうか。

　これから家庭裁判所調査官の特色をいくつかちょっとご紹介したいなと思います。他の少年司法に関わる人たちと違う点として，軽い事件から重い事件まで関わることができる，これが非常に大きいと思います。少年鑑別所に入るような重い事件をした少年にももちろん関わるわけですが，軽い事件，例えば万引きとかですね，そういう軽い事件の少年にも関わることになります。と言いますのは，少年法では全件送致主義と言いまして，軽い事件であっても犯罪は家庭裁判所に全部送ってくることになっているんです。ですから，さまざまな事件に関わることができるというのが家裁調査官の魅力の１つということになります。家族からも一緒に話を聞いたり，こちらから話をしたりするんですけれど，重い犯罪を犯す，あるいは犯罪を繰り返しているような子どもの家族も，いろいろとお困りになっている方が多いと思いますが，ですが，軽い事件を起こした少年のご家族というのは，その困り感というのは決して小さくはないです。事件が軽いからといって，困り感はそれに比例して小さくなるということはないんです。小さい事件であっても，今後自分の家の子どもはどうなっていくんだろう，どんな関わりをしていけばいいんだろう，そういうことで非常に悩んでいらっしゃるご家族も多いです

し，本人も当然悩んでいたりします。軽い事件を起こしたからといって，気持ち，受け止めも軽いとは限らないということですね。ですから，そういったご家族に寄り添いながら，必要なアドバイスをしたりする，これは非常にやりがいのある仕事なんですね。重い事件に関わったという経験も，私はとてもやりがいがあったんですが，こういう本当に軽い事件でお困りのご家族に対して精一杯対応してきた，これが私にはとても魅力に感じています。それからもう一つ，家庭や学校，職場などに足を運んで調査をすることができる。かなり機動性を生かした能動的な調査が可能という点です。家に行ってみると，家庭裁判所に来た時には分からなかったような，やっぱり家の，なんて言うんですかね，匂いみたいなものを感知することができます。そういう中で，この家庭の問題は何なんだろうか，そういうことを深く理解することができる。こういう能動的な調査ができるというのも家裁調査官の魅力の1つです。それからもう一つ，試験観察というのがございまして，これは審判をある一定の期間先に延ばして，その間，家庭裁判所調査官が観察をする，見守るということなんですが，この間，カウンセリングであるとか箱庭療法であるとか，そういった心理技法を用いた関わりが可能になるのです。

　私は非常に心理色の強い調査官でしたので，これは大変な魅力でした。このように幅広い非行・犯罪臨床経験を積むことができること，これが家庭裁判所調査官の魅力の1つということだと思います。

　それからその2，もう一つお話いたしますと，家裁調査官というのは研修が非常に充実しています。最初は家庭裁判所調査官捕で採用になるんですが，充実した研修を受けて，家裁調査官になります。最初採用されました時は，各県の家裁に配属されるわけですが，すぐに中央の研修所に集められまして，寮に入って7月頃までみっちり研修を受けると。そして今度は自分が所属している各県の家庭裁判所に戻って，そこで実務をしながら腕を磨く。そして翌年の8月か9月頃でしょうかね，また研修所に入ってみっちり研修を受ける。そしてその翌年の3月頃に家庭裁判所調査官という，いわば家裁調査官補の「補」が取れるということになります。非常に研修が充実しています。家裁調査官になった後も，充実した研修が用意されておりますので，研修の充実については，私は非常に素晴らしいシステムなのではないかなと考えて

36

います。

　特色その3です。家裁調査官は少年事件だけではなくて，家庭のさまざまな問題にも関わることになります。家庭裁判所には少年部と家事部というのがございまして，少年部では少年非行に関わります，今申し上げてきたようなことです。その一方で家事部というのがございまして，これが離婚問題や親権者の指定，あるいは親権者の変更，そういったさまざまな家庭問題に家裁調査官が関わることになります。もう皆さんお分かりだと思いますけれども，離婚するためには親権者を決めなければならない。この親権者で揉めることがたくさんあります。そういった場合にどちらが親権者として適格かというようなことも調査対象になったりします。それから養育費や面会交流。面会交流というのは一緒に住めない親とその子どもが面会をしたり，あるいは交流をしたりすることですが，こういう面会交流をどう考えるかというのも非常に難しい問題です。調査は高度の調査技能が要求されます。こういった家庭の問題にも関わることになるというのが家裁調査官の特色の大きな1つと言えます。現在の私はというと，手前味噌になりますけれども，私個人のことをちょっと申し上げて，家裁の本質を考えていただければと思うんですが，そんないい仕事なんだったらお前なんで辞めたのかということなんですね。これは2つぐらい理由があって，1つは私は家裁調査官の実務は大好きだったんですが，管理職になりたくなかったんですね。だから今となってはちょっと青臭い理由っていう感じなんですけれど，私は管理職になる前に家庭裁判所調査官を辞めたということになります。それでもう一つは，これは家裁の本質と関係することなんですが，私は非常に治療志向の強い調査官だったんです。ところが家庭裁判所っていうところは裁判所ですから，やっぱり分析して結論を出すという決定機関であるわけです。行政機関ではないということです。そうしますと，やっぱり家庭裁判所っていうところは謙抑的な姿勢が求められます。私は治療志向が強かったので，やっぱり家庭裁判所という枠に収まりきらなかったということですね。ですから辞めた後は家裁ではこれまで扱わなかったような神経症傾向の強い不登校の子どもの治療的支援であるとか，さまざまな心理療法に関わってまいりました。

　そういう理由で辞めたということで，家裁調査官が嫌だったということで

は全然ありません。今，何をしているかと言いますと，これは今，刑事裁判の心理鑑定などをやります。年間4件ぐらいやるんですが，この仕事には家裁調査官時代の知識・技術が大変役に立っております。それから現在，面会交流の支援団体というのが全国にあるんですけれども，私は面会交流の支援団体のサポート，このようなこともしております。この面会交流に関わるというのはやはり家裁でこういったことに関わっていないとなかなか難しいことではないかなというふうに思います。

　さて，それでは家裁調査官になるためにはどうすれば良いのかということなんですけれど，試験があります。これは家庭裁判所調査官捕の採用という試験です。詳しいことは私はよく分かりません。だいたい大まかに言えば，私のように心理学を勉強したり，あるいは社会学・教育学・福祉学，そういったことを勉強して，そういう試験で入ってくる人がおりますし，それから法律を勉強して，そういう試験で入ってくる人もいると，まあ大雑把に言えばそういうことになります。そして中に入ってから，心理学や社会学で入ってきた人は当然法律を知らないので，みっちり研修で身につけることになりますし，法律を学んで入ってきた人は，裁判所に入ってから心理学や社会学そういう，われわれ人間関係諸科学などと呼んでおりますけれど，こういった対人援助的な専門的な知識・技能をみっちり身に付けるということになります。ですから，いろんなところから入って来て，みっちり法律や人間関係諸科学の研修を受けて専門家になる仕事であるというふうにご理解いただければいいんじゃないかなと思います。要するに家裁調査官の仕事というのは法律を知らないとできないんですが，法律だけ知っていてもできない仕事であるといえます。ここのところすごく大事だと思っているんですけれども，今回のこの企画は大変惹かれる部分があって，大学時代に法律を学びながら心理学や社会学の見方・考え方，要するにまなざしですよね，そういうものをが得ることができれば，私は素晴らしいというふうに考えております。そういう意味でこの法学部法制研究所の企画，これは素晴らしい取り組みであると思っておりまして，同じ大学にいる者としてもう是非エールを送りたいですし，できる限りご協力したいと思っております。以上でございます，ご清聴ありがとうございました。

丸山：村尾さん，ありがとうございました。エールまでいただきまして本当にありがとうございます。今後ともよろしくお願いします。

質疑応答

丸山：それでは質疑応答に入りたいと思います。先に指定討論としてお2人にお願いしております。まずお1人目が立正大学心理学部の学部長でいらっしゃる上瀬さんにお願いしております。もう1人は被害者と司法を考える会代表の片山さんにお願いしております。それではまず上瀬さんからコメントや質問等をお願いいたします。

上瀬：立正大学心理学部の上瀬でございます，よろしくお願いいたします。

　本日はこういった機会をいただきまして大変ありがとうございます。なかなか法学部の先生や社会福祉の先生とお話する機会がございませんでしたので，今日は大変勉強になりました。また心理学部の学生についても，司法や矯正に関して関心を持っている学生もいるんですけ

上瀬由美子

れども，なかなかお話を伺う機会がないので，こういった資料を拝見する機会があれば学生の関心もさらに高まるのではないかなと思っております。私自身は社会心理学を専門とし，偏見やステレオタイプの低減や変容過程を研究対象としています。ここ10年注目しているのが，現在日本に4カ所ある官民協働の刑務所と近隣住民の関係です。刑務所近隣住民の方に面接や意識調査を行って，刑務所ができたことによって意識がどう変わったのかについて分析しています。またそういった視点から法務省の官民協働手法による刑事施設の運営事業の在り方に関する検討委員会の委員なども務めております。

　まず今日はせっかく心理学部の教員として呼んでいただいたので，心理学部がこういった問題にどういうふうに関連しているのかということを少しお話させていただきたいと思います。立正大学心理学部には2つ学科がありまして，1つは臨床心理学科。こちらはカウンセリングなどを学びたいという学生がメインで，国家資格である公認心理師を目指す学生が多くおります。

もう一つが対人・社会心理学科で，社会と人間の心のつながりやそのしくみを学ぶ学科です。こちらも公認心理師の資格に対応した科目が揃っております。

いずれの学科においても，入学してくる学生は，人を助けて社会に貢献できる仕事がしたいという目標を持っているものが多くおります。卒業後に学生はいろいろな仕事に就きますけれども，一部は地方公務員の心理職であるとか，家庭裁判所の調査官になっています。ただ学部生全体の中で見ると，司法・矯正職についてはまだ認知度が低い状況です。その理由の1つは本学の心理学部の中に矯正の領域を専門とする教員がいないということ。もう1つはなかなか試験が難しいということもあって，関心を持つんだけれども，学生の方からちょっと足が遠のいてしまうというようなこともございます。ただ，現時点で提供している心理学部の科目が司法・矯正の問題に関して全く関連がないかというと，そういうわけでもありません。公認心理師の資格を取るための科目として司法犯罪心理学が入っており，本学心理学部でも司法犯罪心理学を元家裁の調査官の方に講義していただき，専任教員が犯罪心理学を教えています。

本日のシンポジウムで村尾さんから学部の枠を超えたコラボレーションの可能性というものを伺いまして，胸がときめく思いでございました。司法・矯正に関わる法律の知識は公認心理師の資格取得試験で問われるものなので，法律の専門家に学ぶ機会が得られれば，資格取得を目指す学生のモチベーションが非常に高まります。また司法・矯正に関連して見学や現場の話を伺える機会が得られれば，今までは関心がなかったけれども，司法や矯正の領域に就職したいという学生も多く現れるのではないかと考えます。それから，卒業後に臨床の他の現場で心理職として働く者にとっても，大学教育の中で司法・矯正に関わる知識について知ることができれば，後々非常に大きな糧になると考えております。こういったことをふまえ，このあと皆さまには，みなさまが考える担い手教育についてもう少し詳しくお聞きしたいと思います。どういった立場の担い手を養成するのか，何をどういうふうに養成したいのかということなどについて，もし具体的なイメージがあれば本日の先生方の中でお答えしていただけると非常に嬉しいなと思いました。

　それからもう１つ，今回の話題の中で，特に村尾さんの中では「心理」ということが強くお話にございました。では，例えばコラボレーションすることになった時に，心理学部あるいは心理学に求められているものはいったい何なのかということも，もう少し伺えれば何か今後の発展につながるのかなと思いますので，お話よろしくお願いいたします。

　それから次の視点なんですけれども，担い手教育に関連して本日は「連携」という課題が全ての方から出たように思います。これについて，今回は大学教育ということでしたけれども，もう少し考えれば，担い手候補というのは学生だけではなく，潜在的な担い手と考えれば，矯正に今まで関わっていない一般の方というのも機会を得ることで担い手に変化していくということもあると思うんですね。ですので，出所者の社会復帰を進めるためには社会全体でそれを受け入れていく素地を作ることが必要と考えております。というふうに申しますのも，私自身がここ10年検討している，官民協働の刑務所のあり方を踏まえてです。官民協働刑務所は確かに元々は過剰収容への対策から進められた側面がありますが，プラス地域との共生ということを非常に強くうたったことが新しい点でもありました。共生のとりくみとして実際に地元の方をセンターで雇用するとか，それから地元にいらっしゃる方に例えばボランティアで参加していただくというようなことが行われ，それによって，地域の方の心理にも変化が起こっています。各施設の近隣住民の方に行った意識調査結果をみると，当初は開設に抵抗があったという方がどの地域も４割から５割ぐらいいらっしゃいました。それが開設してから３年から５年後に調査をして，今どうですかというふうに伺うと，どの地域においても抵抗があると答えた方が１割程度に減っていました。矯正施設を少し開かれた形にすることで，社会のほうが受容していくのではないかというのが私の考えです。また私が2018年にカナダに行った時に見学させていただいたオンタリオ州のコリンズベイ刑務所では，犯罪学を専攻する地元の大学生がボランティアで，受刑者の方と一緒に農作業をしていました。カナダではこういった形で中に学生や一般の人が中に入っていく取り組みもあって非常に面白い，素晴らしいなと印象に残っています。

　今日のお話の中でやっぱりどの先生からもオープンマインド，開かれた矯

正，関係機関との連携，開かれた施設，処遇の社会化というキーワードが示され，関係者以外を巻き込んだ，より開かれた形で社会との連携が必要だということがお話にあったと思います。その連携は地域・大学・民間，それぞれいろんな形であると思います。皆さまが必要だと思っている。ではなぜまだ十分進まないのか。担い手側は本当はどういった形での社会の連携を求めているのか。進まないとすると何か懸念材料とされているのか，これがストップさせているみたいなものがあるのか。現場のご意見として「ちょっとここを変えればもっと進むんだよね」っていうようなことがあれば教えていただきたいなと思います。またそれにプラスして，先ほどのコリンズベイ刑務所の話ではないんですけれども，学生教育がこの連携という中に入っていける余地はあるとお考えでしょうか。私は心理学畑なので法学のほうは疎いんですけれども，もしこのへんでご意見いただけたらなと思います。よろしくお願いいたします，以上です。

丸山：はい，ありがとうございます。具体的にどなたに向けてということではなくて，全体になんですね。

上瀬：そうですね，前半の２つに関しては村井さんと村尾さん，あと丸山さんにもお願いしたいと思います。

丸山：分かりました。引き続き片山さんからもよろしくお願いいたします。

片山：片山徒有と申します。犯罪被害者支援をしております。また同時に矯正におきましては，2000年頃から20年以上にわたって少年院や刑務所に外部協力者としてまいりまして，さまざまな指導に関わってまいりました。今日はそれぞれの頂点を極められた方が勢揃いしているということで大変楽しみにしてきましたけれども，さすがに皆さん，それぞれキャリアを積んでこられるだけあって，言葉に重みがあるなということをずっと拝聴してまいりました。これからなんですけれども，特に質問という形ではなくて感想になってしまうのですが，いくつか気が付いたことをお伝えしたいというふうに

思っております。

　まず皆さんの中で触れられてなかったこと，いくつか
気になった部分があったんですけれども，まず大きなこ
ととしてこれから少年法が変わります。それから刑務所
も自由刑が今後変わることが予想されています。それに
よって今後担い手の方が就くと思われる職場の雰囲気・
環境も大きく変わっていくのではないかという気がして

片山徒有

います。私もつい先日九州の少年院に行ってまいりまして，現場のほうには
新しい少年法の具体的な執務内容がまだ伝わってこないんだということを
伺ってまいりました。施設としても不安を抱えながらも，新しい法制度がで
きたからにはそれに従っていかなければいけないということを，それぞれの
先生が語っておられたんですけれども，これから大きな変化が見られるんで
はないかなというふうに思います。それより大きいのがまだ全然具体的な方
針も決まっていない自由刑の在り方だと思います。刑務所でどういう処遇を
受けるか。例えば今私も刑務所で教育に関わっています。特別改善指導と
いって，先ほどご説明いただいた，被害者の視点を取り入れた教育といわれ
るのが主なテーマなんですけれども，それは刑務作業とそれから入浴，さま
ざまな行事の合間を縫ってカリキュラムが組まれています。どちらかという
と教育はおまけ扱いになってしまっています。それじゃいくらなんでも時間
が少ないのではないかな，つまり必要とされている人に教育を施すことがで
きないのではないかというところから，自由刑の改変が行われるのではない
かというふうに私は予想しています。法制審議会の議論の総まとめを読んで
みましても，かなり大幅な改変が見られるということが予想されていますの
で，今後どうなっていくかということについては大変注目をして，今見てい
るところでございます。

　あと，矯正には私は数多く伺っているものですから，刑務所と少年院の違
いについても大変気になるところがあります。というのは，少年院というと
ころは八田さんのお話でもあるとおり，少年との関わり非常に大事にすると
ころです。少年とおしゃべりをする，それから作文を見る，それに返事を書
く，そういうことでつながりを深めていくのが文化・伝統だというふうに感

じています。一方で刑務所では職員と収容者の間で会話を交わすことはほぼないというふうに聞いています。ただごく一部の教育専門官だけは言葉を交わすことが許されていて，指導の中でさまざまな会話がなされているということは実態としてあろうかと思いますけれども，基本的にしゃべらない文化，これが刑務所ではないかなというふうに思っています。同じ矯正でもこれだけ違うわけですので，働き方としてもそれぞれ合う・合わないがあるのではないかというふうに思います。最近出会った方のお話しですが自分は最初刑務官として拝命をしたんだとおっしゃるんですね。ところがそういう伝統的な縦社会，何もしゃべってはいけないという文化に慣れることができずに，試験を受けて法務教官になり直したという方がおられました。なるほど，そういう見方もあるんだなというふうに思った次第です。

　それから，刑務所でお勤めしていても実は法務教官が異動で来ておられること結構あります。教育専門官がそうです。そういう方々はどこか居場所が刑務官とは違うような雰囲気があって，それぞれに苦労も多いんだろうなというふうに思っておりますけれども，多くの方が数年経つと元の施設に戻っていかれるということもあります。先ほど家裁調査官の方のお話がありましたけれども，矯正にも心理技官さんという心理職の専門家が数多く赴任されてきております。やっておられる仕事は恐らく同じようなカテゴリーに入ることなのではないかなというふうに思ってはいますけれども，これも専門性を生かして収容者の分析にあたっておられて，非常に面白いなというふうに私は感じております。特に刑務所での指導にあたる場合，どういう人が対象者になっているか分からないわけですので，履歴を拝見して，それでも分からないと心理技官さんにお知恵を借りることがよくあります。非常によくできたまとめで，私の仮説と技官さんの意見が一致すると大変嬉しくなったりもするものですから，いつも頼りにしているところでございます。

　あと，仕事として矯正を選んだ場合，よく皆さん，おっしゃるのが施設の勤務地が町から離れていることについての不安を訴える方が非常に多いです。私も職員研修で呼んでいただきまして，初任者研修でよくいろんな方をお世話するんですけれども，その中で気になるのは離職率でございます。せっかく刑務官になった，せっかく法務教官になった，でも何年か経って辞めてし

まう方が意外と多いという話を聞くと，「もったいないな，他にいい仕事が見つかったのかな」って思ったりもします。法務省では矯正，特に女子の刑務官に対しては女子同士で研修をするなどして，充実したプログラムを作ることによって離職率をなるべく減らそうという苦労をされているというふうに聞いています。昭島市に立派な研修所がありまして，私もよくそこに行くんですけれども，そこで集団生活をすることによって連帯感を持って，そうしてそれぞれの赴任地に分かれてもつながりを持てるように一生懸命協力体制でやっているというような話も伺ったことがあります。矯正というのはそういう意味で恐らく一体感・連帯感に非常に長けた施設なのではないかなというふうに思います。また八田さん，菱田さんを含めてOB・OGの方のつながりも大変深いというところでは有名な印象があります。いろんな施設にお邪魔する中で，OB・OGの方のお知恵を借りることが多いということも数多く拝聴することがありまして，私も例えば全国矯正展みたいなところにイベントブースを出しておりますと，通りかかる先生方がOB・OGの方であることが多く，非常に懐かしく言葉を交わしていただくこともあって，「ああ，仕事辞められて，ご定年になった後もつながりを持ちたい，情熱が非常に熱い方が多いんだな」ということを，これは他の職場ではあまり，民間では見られないことなのではないかなというふうに思いました。

　あと，先ほども出ておりましたけれども，連帯・連携という点は確か私が最初に矯正と関わった20年前からこういう声は出ていたというふうに思います。特に保護観察所と少年院はもっと仲良くしてもいいじゃないかと，率直に言ってそういう部分があるわけですけれども，なかなか同じ法務省でありながらそれほど親密ではないというところがちょっと気になるところでもあります。

　よく少年院では自分の施設の収容者のことを「うちの子」って呼ぶんですけれども，つまり自分の家族意識が強いために，よその施設，例えば保護観察所の保護観察官に委ねてしまうことが寂しいのかなというふうに思ったりもしますけれども，これが特徴的なことだというふうに思います。ちなみに刑務所では「うちの人」みたいな言い方は聞いたことがありませんので，これは少年院に限った特徴かもしれません。

　あと，先ほど出ました，再入院・再入所の比率が高いことについては私も心を痛めています。私も最初は矯正教育が甘いから再入院・再入所が多いんだという誤解をしておった時代がありました。ところが実際に自分が関わった少年が再非行をして，また別の施設で出会ったりもしますと，「ああ，自分自身がいけなかったのかな」と反省をしてみたり，またその少年にとって，「一番最初の見立てがちょっと緩かったのかな」というふうに思ったり，「いやいや，社会環境が，その子がいる場所を作ってあげなかったんだよ」というふうに思ったり，さまざまな反省点があろうかと思って，今でも受け止めています。今後どうしていっていいか，例えば矯正では前提として再非行・再犯防止があるんだということを言っておりますけれども，「いやいや，もっともっとレベルを引き上げて，それぞれの収容者が幸せになっていくところを目標にして，ここのプログラムを充実させていくほうがよりふさわしいのではないかな」というふうに思って，私自身は考えております。

　今後のことですけれども，気になるのは保護観察所の支える民間の人たちです。保護司の方の高齢化はもう叫ばれて随分になろうかと思います。次の世代の人たちがBBSあるいは更生保護女性会から保護司に数多くなってもらうためにはどうしたらいいのかなということをちょっと心配になったりもしたりしております。さまざまなやりがいを持って取り組んでいく専門職だと思いますけれども，保護観察所は特に被害者支援まで職域を広げてくださっておりますので，なるべく元気な皆さんが頑張っていただけるようにひそかに応援をしているところでございます。感想が多くなってしまいましたけれども，もしできましたら今後の法改正に向けて職員の方がどのように取り組んでいくべきか，どなたでも結構なんですけれども，お答えをしていただけたら大変ありがたいというふうに思います。以上です。

丸山：はい，片山さん，ありがとうございました。非常に多岐にわたるコメントと質問だったので，これ振り分けるのがすごく難しいなというところです。先ほどの上瀬さんとの質問との兼ね合いで，私から回答者に振っていきますので，プラスアルファでこの方に聞きたいということ，もしくは別の方でも私がもう少し話したいということがあれば是非お願いします。まず上瀬

さんから出されていた，大学教育とあと心理学部に求めるものということと，あと Q&A で質問をいただいている S さんからの「法学・心理学・社会学・社会福祉学などを統合的に学べる学科を創設する可能性はあるのか」というような質問があるので，これは併せてお答えさせていただきます。これは今日の企画の主旨とも関係してきますので，私からそれを最初にお答えさせていただいて，その後に心理学に求められるものは何かというところは村尾さんからお返事いただけたらなと思います。次に，担い手教育は学生以外にもっと裾野の広い問題として捉えるべきなんじゃないのかということは，できれば村井さんにお答えいただけたら幸いです。あと 2 人から出ていた地域連携と多機関連携ですね，このあたりに関しては保護観察分野だと考えましたので大場さんに，いわゆる社会と矯正施設とのつなぎ目にいるというところから地域連携の在り方とかそういった局面を大場さんの視点からお話いただけたらなと思います。

　次に片山さんから出ていた少年法が改正されるというところで，少年院と刑務所の在り方も異なってくるというところですね，より担い手になってくる方の関わり方も信念という部分も異なってくるのではないかというあたりの話を八田さんからお話いただけたら幸いです。

　自由刑が変わるというところはこの問題に詳しくない方に私から少しだけ補足をすると，今，禁錮刑と懲役刑を一本化していくという議論が起こっています。国際的には禁錮刑に寄せるというものが主流かと思われますが，日本では懲役刑のほうに寄せて，改善指導を強制できるような話に動いているということがあります。それをどう見ていくか，それに担い手教育というのはどう関わってくるかというあたりを村井さんからお話いただけたらなと思います。最後にこの女性の施設ですね，ぼくも友だちや同級生が女性の矯正施設で働いていたんですけれど，すぐ離職をしてしまいました。その成人矯正の矯正施設で抱えている問題とその職員側ですね，離職率が高い問題というのをどう捉えて，それには解決策があるのかというようなことを菱田さんからお話いただけたらなと思います。このような流れでお答えいただきたいと考えております。

　では最初に私のほうからこの企画主旨と目論んでいたことを少し話してい

きます。実は2020年に龍谷大学矯正保護総合センターと協定を結ばせていただきました。関西には矯正保護を大学で学べる拠点がある。そこで東にもこの分野にもう少し拠点となるような学べるところが必要なのではないかというのが出発点です。上瀬さんのお話にもありましたように，この分野は一般の方だけでなく学生もあまりにも知らな過ぎる。もっと注目をして，もっといろんな人が活躍できる場面があるということを伝えていきたい。それらの場面で活躍できる人を輩出するにはどうするかということを考えた時に，まず先陣を切っておられる龍谷大学と協定を結ぶことが1つで，その次に，コロナで実施が難しい状態ですが，実は立正大学法学部でも2020年から矯正・保護実務フィールドワークという授業を作りまして，私が担当しております。本日ご登壇いただいている八田さんと，本シンポジウムに出席してくださっている関さんと蛯原さんに，成人矯正と更生保護と少年司法の矯正について講義いただき，座学だけでなく刑務所であったり，少年院であったりというところをいろいろ回れるというような授業をフィールドワークとして組んでいます。ただ，残念ながらコロナの関係で実施が難しいです。施設側からはコロナ禍が落ち着くまでは断られている状態です。ただし，今後も継続して実施していこうと考えています。これは今法学部学生に向けての試験段階的に始めていますけれど，今後は他学部にも開講したいと考えています。立正大学の強みもありまして，今回上瀬さんに来ていただいている理由としては，うちに心理学部があります。そして，村尾さんに来ていただいているように社会福祉学部もあります。心理学・社会学・社会福祉学など総合的に学べる学科を創設する予定というのはまだ何もありませんが，これらの学部がこの大学には存在していますので，この学部の連携を含んだ授業を起こしたり，行き来ができるような授業ができていって，上瀬さんがおっしゃってたとおり，こういった分野があるのだということが広まることを願っています。この分野を目指したいという学生が，法学部から出ればいいとか，心理学部から出ればいいということよりは，もっと大学全体から，毎年何人かこの分野を目指せる，目指したいという学生が増えてきたらいいなと思って今日の企画，イベントの企画をしているというところです。

　では引き続き，心理学に求められるものは何かという質問について登壇者

に振っていきたいと思います。まずは，村尾さんからよろしいでしょうか。

村尾：私は家裁調査官の立場ということになりますが，受験というのは極めてテクニカルな問題なので，それはちょっと置いておきますけれども，やはり心理をやる人間にこの家裁調査官になっていただきたいという思いがあります。その場合に何が求められるかと言いますと，やはり対話ができる能力，人の話を聞ける能力，そして相手を全人的に理解できる能力ということになるかと思います。そして他の学問領域との連携ということになりますと，やはり法学部。これは今日の村井さんの話にありましたように，本質的に法とは何かということをきちんとやっぱり理解すべきであるというふうに思います。

　それからもう一つはやっぱり社会福祉です。福祉の流れ，潮流も時代とともに変わってきていまして，どんどん変化しています。今，障害者は街中へ，普通の健常者の生活中へ入り込む形での福祉の充実という方向にありますので，当然犯罪少年・犯罪者という人たちも街中に溶け込む形での支援というのが，流れとしては求められると。それからもう一つは大事なのは更生保護ですね。入口支援，それから出口支援，そしてその出口支援も，地域生活定着支援センターなどを充実させていますけれども，こういう更生保護の支援の在り方ってここ5年10年って本当に変わってきたんですよ。だからきちんと福祉の流れ，そしてその犯罪者に対する支援，そういうものを学生の時からきちんと学ぶということが大事だというふうに私は考えます。以上です。

丸山：ありがとうございます。予定していた時間になっておりますが，この司会者の権限を乱用しまして，延長してお話を続けたいと思います。よろしくお願いします。次は担い手教育は学生以外にも考えられるのかという質問について，村井さんにお願いしたいと考えます。また，さらに自由刑が変わっていくところと併せてご回答いただきたいので，その前に地域連携・多機関連携，より開かれた地域連携，オープンなものという部分での課題やこれからの可能性など，今後はこうあっていったらいいなというようなところを大場さんからお話いただけたらと思います，よろしくお願いします。

大場：質問振っていただいて，ありがとうございました。また片山さんから，少年院と保護観察所は仲良くしなさいというありがたいお言葉がありました。少年院と保護観察所は，優秀な学生の職員採用についてはライバル同士ですけれど，業務の上では，こちらから押しかけてでも仲良くしていきたいと思いますし，実際にできていると思います。刑事司法の在り方は随分と大きく変わってきましたが，この歩みはもっと変わっていかなくてはいけません。刑事司法というのが特殊な分野であってとか，限られた者だけが犯罪者処遇と特化して実施すればいいというものではないと思うのです。そういった意味で再犯防止推進計画であるとか，再犯防止推進法というのは特に大きな流れを作りつつあります。つまりそれは限られた分野の人だけがこれに取り組むのではなく，社会全体の問題なのだということを明示的に示したということができると思います。引き続き歩みを止めることなく続けていきたいと思っております。

丸山：ありがとうございます。では引き続きまして，少年法が改正されていく流れの中で，少年院と刑務所の在り方も異なってくるだろうと考えられています。これまでと担い手が担う部分も異なって，理念も異なって変わってきてしまうという中でどう向き合っていくかというあたりを八田さんからコメントいただければと思います。

八田：今回の少年法改正は，18・19歳を特定少年として刑事司法化を進めたもので，いろいろな問題を抱えています。検察官送致にしても「故意の犯罪行為により被害者を死亡させた罪」であったものを，改正法は特定少年について「短期1年以上の罪」に，その範囲を大幅に広げました。この規定は，保護処分も選択できますから，運用に当たっては少年法第1条「少年の健全育成を期し」が生かされるように調査，鑑別，審判の段階で熟慮して欲しいと考えています。

　それから，とりあえず思いついたことを申し上げます。保護処分における少年院送致は3年以内とあるのを，少年院での矯正教育に保護観察（パロール）を加えた期間と読み替えて運用していく。改正法は，収容継続が認めら

れないので，決定時の期間で健全育成が十分に図られなければなりません。ですから，保護観察の期間を加味する必要があります。それから，第五種少年院は，当該少年を収容する少年院が少ないと，保護者が遠距離となる可能性があります。面会等に当たっては，保護観察所等の協力を得て，リモートで実施するなどの工夫が必要です。

　さらに，特定少年については，成人としての権利の行使について指導するとともに，それに伴う危うさ，非行少年はヴァルネラヴリティー（攻撃誘発性）もありますから，契約，貸借などに関する指導も必要になろうかと思います。

　刑務所はどうでしょうか。近年，行刑は再犯防止とそれに伴う改善指導を積極的に打ち出しています。その中には，特別改善指導のように，少年院が先鞭を付けたものもあります。今後，特定少年の収容が増加した場合，それに対応する必要があります。ただし，行刑の多くは，規模が大きく多人数収容の施設が多いですから，矯正処遇を充実するためにも，規模が小さく少人数で少年院のような処遇ができるように考慮してもいいのではないかと思います。特に，25歳未満の者はそうした処遇が有効ではないでしょうか。少年矯正，行刑ともに，これを機会にそのようなシステムを構築したらいいのではないかと思います。

丸山：ありがとうございます。いや難しい回答になるだろうなと思ってました。ありがとうございます。では次に菱田さんに伺ってもいいでしょうか，先ほどの片山さんからの質問と併せて，離職率が高い，特に女性施設の離職問題をどうしたらいいのかということについてお答えいただきたいと考えております。また，関連してQ&AでOさんから質問をいただいております。刑務官の離職率が高いことが指摘されているのですが，Oさんのご意見として「刑務所においては保安業務が重視されるが故に，受刑者の立ち直りにもっと直接に貢献したいなと思ってこの職業目指した人，学生，新人が，これ実際の内容，職務内容とのギャップに悩むということも一因であるように思われる」ということですね。この職業を目指したときは，やりたかった，立ち直りの支援をしたかったんだけど，実際に求められたのは少し保安管理

寄りな，そういうものがあるので，そういう矯正の担い手となる人たちの意識と現実との間のギャップを解消するにはどういうことが必要でしょうかということをご質問としていただいております。併せて，こちらも，お答えいただけたればと思います。

菱田：離職率が高い，特に女子刑務所の離職率が高いことは事実です。その理由はとにかく忙しいということです。特に女子刑務所は少年受刑者から90代の高齢者まで，短期刑から無期刑まで様々な受刑者を収容します。若い刑務官が自分の親や祖母よりも高齢者を処遇するのはものすごく大変です。もっと人手を厚くしないといけないのですが現実はそうではないということです。先ほど片山さんから教育専門官の方の話も出ましたけれども，教育専門官も本当にノルマがいろいろあり，あれをやって，これをやって，その記録に追われています。やったことの証明を求められているような感じです。一人当たりの仕事量を減らすこと，人手を厚くすること，余裕が必要です。

丸山：ありがとうございました。自由刑が変わっていこうとしています。懲役刑と禁錮刑が一本化して新自由刑（拘禁刑）と言われるものが出てくるというところで，現在の担い手，これから担っていく者が異なっていくのではないか，そのへんの問題も踏まえて，大学教育なり担い手教育に求められるものは何か，またちょっと漠然と難しい問題ですけれども，これを村井さんにお願いしたいと思います。

村井：大変難しい問題を振られたんですが，ちょっと関係ないというところからしますと，担い手として大学教育を受けた人，大学生だけじゃなくて一般人はどうなんだということですが，これはもう当然あり得ることだし，現に矯正・保護課程，龍谷大学の矯正・保護課程にはいわゆる学生でない人が受けているというのもあります。問題はその一般人が矯正・保護のスタッフになりたいと，それでやりたいといった時に受け入れてくれるかっていう，役所側の問題といいますか，採用側の問題なんですね。年齢制限を設けたりするということになると，年配の人は受けられないということになります。

ただやはりそういう年齢制限も考えなきゃいかんだろうというふうに思いますね。先ほど菱田さんもおっしゃいましたけども年齢が上がってきているわけですよね，受刑者の。少年の年齢は上がらないわけですけど，少年は少なくなってきている。そこが１つの問題ではあるんですけれども，年齢が上がってきているということになると，担い手のほうもやはりそれに見合った形での構成を考える必要があるのではないか。そうなると，年齢制限というのは果たして必要なのか。学校教育というのは矯正・保護，今日は大学教育との関係ということなので，学校教育の問題をしましたけれども，ただ学校教育が果たして必要，矯正・保護に携わるのに絶対的に必要かというと必ずしもそうではないんではないかと。多様な人が関わることによって，社会復帰処遇が実現していくということになるんだろうと思うので，その意味では学校でいわゆる教科教育ですね，教科を受けて優秀だったという人たちでない，現に罪を犯して社会復帰した人の中に矯正・保護に携わっている人も，日本は少ないんでしょうね，でも外国では多いし，私の知っている人の中にもそういう人がいます。だから現に少年院とか刑務所に入った人のほうがその中の気持ちが分かるわけでしょうから，その人たちが携わるというのは非常に有益なことではないかと思います。現に私はアメリカに行った時に少年院ではあるんですが，少年院で終身刑ですね，いわゆる終身刑を受けた少年たちが参観者に自由に話をして，いろいろ説明してくれるわけですよ。だからそれが非常にいいなというふうに思いました。参観者との関係でもいいわけですし，彼らにとっても参観者と話ができるということは非常に重要なわけですから，こういう人たちが自由にいわば施設内でも施設外でも話をして，意思疎通をするというような雰囲気ができるというのは重要じゃないかと思うので，その意味では多様な人を受け入れる施設であって欲しいというふうに思います。その意味では大学教育以外の場で担い手がいるということです。

　それからもう一つ言いますと，むしろ担い手教育というのは大学まで行かなくてもいいという，小中高ですね，私は高校で呼ばれて話をしたことが何度かあるんですけれども，そこでこの刑務所の話とか犯罪の話とかをすると非常に興味を持ってくれる。大学生以上に興味を持ってくれて，ある高校では研究会ができたというので非常に嬉しい話も出てきます。その中から私は

矯正・保護の担い手が生まれたかどうかまでは知らないんですけれども，フォローしてないんですけれども，ただそれに関心を持って勉強してみようという人が出てきたことは事実のようなので，やっぱりそういう意味では大学教育まで待つ必要はない。むしろもっと小学校・中学校・高校，そういうところとの話をしていくことによって，より担い手への関心が，矯正・保護への関心が深まり，将来的にはそういう方向に行きたいという人が生まれてくるんではないんだろうかというふうに思います。

　自由刑の在り方，自由刑と少年法の改正の問題ですね。というのは実を言うと本来は，丸山さんも言ったけども，欧米とは違ってということを言われているんだが，自由刑が変わるとすれば本来は矯正と保護の垣根が取っ払われるということでもあります。実を言うとその自由刑の改正の問題という，変化の問題というのは保護のほうに問題はないわけですね。少年保護には問題はない。そうなると本来は矯正教育が変わらなきゃならないというのが，法制審議会の議論を聞いてますとそうなるわけです。法制審議会の審議では，結果的に自由刑1本化が懲役刑の一本化というふうになったという。なぜそういう流れになるのか私はよく分からないんだけれども，仮にそうなったとしても，本来求められたところはそうではなくして，自由刑を廃止までいかないにしろ，ともかく少年教育にむしろ近付けるというのが方向性としてはある。要するに自然に考えられるところだった。法制審もそのことを踏まえているはずなのに，枠付けが懲役刑に1本化するというふうになったというので，そこに割り切れないものがあるものの，それをいわば逆手に取るというのはおかしいですが，本来の姿に変えることによって，少年保護的なもの，的なものという言葉は使っちゃいけないんですが，従来矯正教育と言われていたものの中に入れ込むということによって，そこの垣根は取っ払われてくるだろう。既にもうかなり取っ払われてきているんじゃないかというふうに思います。だからその意味でのいわゆる改善教育というものを義務化する，という議論。要するに懲役刑に代わるものなんだから，義務化していくというように義務を強調するというのはおかしいので，やはり受けたい人が受けていくという形で必要なものを，本人の自主性を考えて処遇を行っていくという方向になるんではないかと，いやならなきゃいかんだろうというふうに

思います。そのことによって，担い手不足というものも解消されてくるんじゃないかと。いわば多様な担い手が必要になってきます。決められた人ではない，いわば保安を重視するということではなくして，外とのつながりも含めて多様な人が関わる必要性が本来なら出て来るはずだというふうに思います。

　そうしないと改革の意味がないだろうというふうに思っています。

村井：ちょっと補足して話をしますと，先ほど刑務所と少年院との違いの関係で，刑務所に行くと被収容者との会話がないという指摘が片山さんからありましたが，これは私も感じるところで，なぜ職員が，例えば私などが参観に行ったりしても被収容者との会話が成り立つというか，できる場合があるんですね，できるというのはおかしいですが。例えばこういう場面がありました。収容者がピンポンをやっていて，その場に行った時にピンポン球が私のほうに転がってきて，それを取ってピンポンをやっている人に渡したら「ありがとうございます」と言ったんですね。そうすると職員が飛んできて，だめだって言うわけですね。取って，転がってきて，自分の前に飛んできたのを転がした人に渡して，渡された人は「ありがとう」と言う，これはもう当然，人間社会においては当然のことなわけですね。だけどもそれがだめだというように言う施設，これはなんで，それまで非常に穏やかなというか和やかな感じできて，ピンポンをやってる場が私なんか見れた，昔はそう見れなかったわけですよ。そういうゲームをやってるとか，休憩時間は休憩時間で，参観者はその場に立ち会うということはなかったんです。最近，最近といってもこれは4〜5年前ですけれども，見れるようになったんだなというふうに，「良かった，良かった」と思ってる矢先に，コミュニケーションしちゃいかんというように言われたので，やっぱりそれまずいんじゃないか。そこも含めてやっぱりオープンにしていかないと，参観者を受け入れても悪い印象しかうけないということになってしまうんじゃないかと。先ほど一般の人も矯正・保護の担い手になる必要があるといいましたが，やっぱり刑務所には関わりたくないなというような話に，非常に好意的に思っている人でさえ，そういう気持ちになる可能性がある。

　今度の改正がいい方向になるためには，一般の人でも矯正保護の担い手になろうと積極的に思うような，そういう雰囲気作りというのを中でやっていただきたいというふうに思っています。

丸山：ありがとうございました。ではあと2人，コメントが来ていますので，それを読み上げていきます。では，まずお1人コメントいただいておりますのでご紹介します。Mさんですね，更生保護分野の方です。「龍谷大学の矯正・保護課程の協定をしているということで，近畿地方の更生保護観所時代に承認を得て，龍谷大学の矯正・保護課程の非常勤教員も務めていました」とコメントをいただいています。現役の方もOB・OGの方もたくさん来られていて，私自身も当時まだ要卒単位にもならない時代に，参加費を追加で支払って全部受けてきました。ただ，これは今の私の職につながっているのではないかなとも思います。またMさんからは「龍谷大学では学生とゼミ形式で話し合うなどをしていた」ということで，立正大学でもBBSなどを通じて更生保護とのご縁があるので，更生保護の出張講座ということで現職の職員が伺うこともできますというご提案をいただいております。この話もぜひ進めさせてください。

　もう1人の方，Hさん。これは片山さんに向けたコメントであろうと思われます。「ご活動には頭が下がります。被害者支援に携わっていらっしゃる方が加害者支援に関わることは，気持ちの上で苦しさがないでしょうか。加害者支援を許さない世論の風潮と厳罰化を求めることに対して被害者の方々のケア，支援の充実がもっと必要なのではないかと思っております」とのコメントです。本当にそのとおりですね。これは私たち，今日のテーマとしては加害者の社会復帰とか，その担い手ということを中心にお話してきましたけれども，当然に被害者のケアを同時に最大限に行われないといけないというふうに考えております。ただそれらがぶつかり合うものではなくて，どちらも精一杯に力をかけてやっていくべきだろうと思っております。お2人コメントくださりありがとうございます。

　最後にまとめをさせていただきます。本日は成人矯正と更生保護，少年矯正，家庭裁判所，それぞれの立場から現代の課題と担い手教育に求めるもの

をご発言いただきました。これらのご報告に指定討論の上瀬さんと片山さんからも本当に重要な指摘をいただきまして誠にありがとうございました。参加者からもご意見等たくさんいただきまして，有意義な会であったと考えております。繰り返しですけれども，私自身は龍谷大学の出身で，私が学部生の頃，矯正・保護課程を受講していたという経験が今に活きております。龍谷大学の矯正・保護課程は今も継続されており，40年以上の歴史を積み重ねられておられます。私は矯正・保護の現場で実務を担う方向には進みませんでしたけれども，研究者としてのスタンスとしてはいつも現場のことを考えながら考察するという基礎がその時にできているのだと思っています。私たち研究者は，村井さんのお話にもありましたけれども，理想論ばかりを掲げて，最前線の現場の人からは時には疎まれる存在かもしれません，うるさいことばかり言って疎まれる存在かもしれませんけれども，基調講演のお話にあったとおり，「理想ばかり語る研究者は問題だが，理想をなくした実務家はもっと問題だ」と考えております。さらに，村井さんの法学セミナーの700号だったはずですが，「理想さえ語らなくなった研究者はもっともっと問題である」というふうに書かれておられていまして，私は今後も理想を語る研究者で生きていくというふうにその時に決めました。そして，それを貫いていきたいと考えております。本日はありがとうございました。

丸山：本日のシンポジウムのような機会を得られることで研究者としても，私自身ですけど，理想を追いながら現場の方々と一緒に検討できるようになっていてとてもありがたいと思っていますし，これから社会に出て行く学生たちにもこの変わりゆく社会の中で，変わらない信念を持ってということを学べる場を作れていけたらなというふうに思っています。今日のシンポジウムが少しでもそのような役割になれば嬉しく思います。ここで一度パネルディスカッションを終了させていただきまして，シンポジウムの閉会の挨拶を位田央法学部長より頂戴したいと存じます。よろしくお願いいたします。

位田：皆さま，本日は立正大学法学部40周年の記念シンポジウムにご協力をいただきまして，大変ありがとうございます。長時間にわたり，本当に予定

時間をオーバーして熱い議論を展開していただきまして，本当にありがとうございます。立正大学法学部は，熊谷キャンパスに設置されて以来40年間にわたって，特に地方自治体や国の行政事務職系の公務員，及び警察官を養成するという目標を掲げてきました。今日のシンポジウムにも何人かも，国や県庁，市町村の職員，あるいは警察官として活躍している本学のOB/OGの人たちが参加してくれていました。毎年度，本学に入学してくる新入生の6割前後が行政事務職系の公務員，及び警察官を志望しています。本学はそのような学生の皆さんのニーズに応えるべく，行政事務職系の公務員，及び警察官を養成するというこの目標を掲げてカリキュラムをつくり，課外講座を整備してきました。そのため，卒業生の方たちの多くがこの行政事務職や警察官として活躍してくれているのはとても良かった，これまでの本学の教育は大成功だったと思っています。ただ行政事務職や警察官の分野に偏り過ぎてきたきらいはあります。本日，皆さまから貴重なご意見・ご提案いただきましたので，これをベースにしながら，従来の行政事務職や警察官に加えて，今後はさらに保護・矯正の分野に人材を輩出できるように，カリキュラムの改定等進めてまいりたいと，このように考えております。

　一方で，法学部教育という観点から考えた時，単純に公務員試験の合格者を多数輩出すればそれで事足れりとして良いのかということも，我々は自問しなければなりません。公務員試験合格は目標の一つではありますが，それだけでは公務員試験の専門学校と大差がないわけです。本日，最後に丸山先生がその「理想を言えなくなった学者はもっと悪い」というお話をしてました。法学の理念を語り，法学を通じてより良い社会を実現するにはどうしたら良いのかを学生の皆さんとともに考える，そういったことをせずに，単なる公務員試験合格のための知識を学生の皆さんに伝えることに日々汲々としている，ともすればそういうふうに自分自身がなっているんじゃないかというのを，今日お話をお伺いしてて反省しているところでございます。人間性を大切にする，それをベースにした教育を今後さらに深めてまいりたいと，このように，自戒もありまして，思ってるところでございます。

　さて本日は心理学部の上瀬さん，それから社会福祉学部の村尾さんからコメンテーターとしてお話をいただきました。立正大学法学部は設立以来40年

間にわたって社会関係の連携を進めて参りました。埼玉県社会保険労務士会熊谷支部，あるいは東京都行政書士会等と連携しながら，学生の皆さんには活きた法学を学んでもらえるようなカリキュラムを提供してきました。これらの連携を通じて，社会保険労務士や行政書士，あるいは司法書士や弁護士，税理士として社会で活躍する人材の育成も行ってきました。今後はせっかく立正大学という文系の総合大学というこの大きなくくりの中にご一緒させていただいておりますので，社会とのつながりといった観点から，心理学部，社会福祉学部とも学部間連携を深めさせていただければと，そしていろんな学生さんに向けての相互履修などのプログラムであるとか，それを前提とする先生方のコラボレーションといったものを進めていければなというふうに考えておりますので，是非今後ともよろしくお願い申し上げます。

　あらためまして本日はご協力をいただきました皆さまには厚く御礼申し上げたいと存じます。またご後援をいただきました法務省，それから公益財団法人矯正協会，更生保護法人日本更生保護協会，それから龍谷大学矯正・保護総合センターの皆さまにも厚く御礼申し上げたいと存じます。本当にありがとうございました。またご参加された皆さんもいろいろと今後もご意見等頂戴したいと思っております。是非よろしくお願いいたします。それでは本日はどうもありがとうございました。

大学における矯正・保護分野の教育について　　～アメリカの犯罪学・刑事政策学教育から～[1]

丸山泰弘

はじめに

　本稿において，筆者に与えられた役割はこれからの日本における矯正・保護の現場を担っていく学生たちに対し大学が行える教育について「アメリカの犯罪学・刑事政策学」教育から学べることを紹介し，考察を行うことである[2]。しかし，筆者自身は実際にアメリカの犯罪学・刑事政策学の学位を取得したわけでもなく，学部生時代をアメリカで過ごしたわけではない。言及

1　本稿は拙稿「アメリカの犯罪学～ウエスト・コーストの犯罪学・刑事政策学教育～」石塚伸一編著『新時代の犯罪学～共生における合理的刑事政策を求めて～』（日本評論社，2020年）55～75頁を加筆修正したものである。
2　厳密に述べれば，「犯罪学（Criminology）」と「刑事政策・刑事司法学（Criminal Justice）」はその派生も内容も異なる。前者は社会学（Sociology）を基盤としたものであり，後者は法学（Law）や政策学（Policy）を土台にしている。もちろん，日本でもアメリカでも大学院やハイグレードな学部の授業では，これらが専門科目として意図的

するまでもなく，アメリカにおいて犯罪学の学位を取得されてきた学兄・学姉たちは沢山おられる。そういった観点からは，筆者以上に「アメリカでの犯罪学教育」を担当するに相応しい人は他に多くいらっしゃるものと思われる。しかし，筆者がこのタイミングで本稿を執筆することにも意味があるものと考えている。なぜならば，立正大学では2020年から龍谷大学矯正・保護総合センターと協定を結び，日本の矯正・保護を担う人材育成に力を入れることが決まり，矯正・保護実務フィールドワークという授業を起こし，本書で確認されたように心理学部や社会福祉学部，その他の学部と共同で矯正・保護分野で活躍できる学生の輩出に力を入れることになったほか，筆者自身も2018年の夏から2020年の春にかけてカリフォルニア州のカリフォルニア大学バークレー校（University of California, Berkeley, School of Law, Center for the Study of Law and Society）で学ぶ機会を得たからである。

　「犯罪学」そのものは，19世紀から社会学の中で「逸脱」研究として注目されていた。そして，バークレー校では全米で初めて School of Criminology が設立され，初めて犯罪学博士号（Doctor of Criminology）を授与する大学になった。下記のように，筆者は幸運にも日本の刑事政策氷河期時代に，充実した学部・大学院時代を日本で過ごすことができ，それを土台としてバークレー校で約2年間学ぶ経験を得られた。（まだまだ）若手の視点で今後の犯罪学について夢を語ることができ，今後の矯正・保護分野を担っていく学生たちを養成できるようなカリキュラム作りに活かせるものを創造していくのだという思いで本稿を進めたい。後述のように犯罪学・刑事政策学教育においては，一定の基準を定めてはいるものの，アメリカ全体で指導要領に統一された犯罪学教育をしているわけではない。そのため，特に実践編で

に分けられていることもあるが，一般的な学部の授業では「Criminology and Criminal Justice：CCJ」として1つの授業として捉えられている場合が多い。学問領域としてこれらを分けて議論すべきであるという主張には同意であり，それぞれの分野でのみ議論できることもあるとは考えられるが，一方で日本の犯罪学・刑事政策学教育の復権ということを念頭に置いた時に，そういった議論をしている場合ではないようにも思われる。むしろ，世界中で求められている「犯罪学」や「刑事政策学」は存在の違いを認めつつも，ハイブリッドに共存しあい，それぞれを学ぶことで深められていくものであろう。そのため，異論はあることを承知の上で，本稿では「犯罪学・刑事政策学」を併せた「教育」ということを前提に議論を進めたい。

は筆者自身が経験しているカリフォルニア州を中心とした議論になることをご了承いただきたい。

　日本では1990年代からは厳罰化傾向が進み，旧司法試験の法律選択科目から刑事政策が外れて以降は，社会においても大学においても犯罪学・刑事政策学氷河期ともいえる時代が到来していた。大学でのポスト減少の影響を受け，大学院でも犯罪学や刑事政策を学ぶ大学院生は減少傾向にある。そういった氷河期の中，民間の研究施設では日本で数少ない犯罪学・刑事政策学を専門に研究ができる龍谷大学で学ぶことができた筆者は幸運であったといえる。また，関西で育った筆者にとって刑法読書会でも勉強させていただいたことは大きい。さらには，数少ない刑事政策に特化した研究グループである刑事立法研究会の存在も犯罪学・刑事政策研究および教育において多大な影響を受けている。これらによって，単に社会学としての「犯罪学」や法律学からの「刑事政策」を学ぶだけでなく，刑法や刑事訴訟法の観点，そして政策学からの観点からも研究できる環境であった。さらに，國學院名誉教授である横山実先生を代表としてはじまった歴史ある東京犯罪社会学研究会が立正大学で行われるようになり，その世話人として筆者が関東での犯罪学・刑事政策学の研究会を担うことになった。このように立正大学が東京での犯罪学・刑事政策学の学問的発展のほんの一部を担うことになったことに加えて，同時に実務で活躍する卒業生たちを養成できる大学として歩み始めたのである。依然として，実証研究による「犯罪」の研究は主流であると言わざるを得ないが，近時の国際的な学術大会において重要視されているのは，1つの分野に捉われないスタイルの研究であろう。今，国際的にも求められているのは学際的でハイブリッドな「犯罪学・刑事政策」教育なのではないだろうか。

　すでに述べたように，筆者自身はアメリカ全体の犯罪学教育を語るには力不足であるために，主にすでに紹介されているアメリカ犯罪学教育の文献やインタビュー[3]を基本として適宜アップデートすることとし，続く実践編においてバークレー校や周辺の大学で学ぶことができた「犯罪学教育」につい

3　日本語で紹介されているものとしては，主に朴元奎「アメリカにおける犯罪学教育の

て紹介し，これからの犯罪学・刑事政策学教育について考察を行うことを本稿の目的としたい。

一　アメリカ犯罪学・刑事政策教育の流れ【概要編】

1　アメリカ犯罪学・刑事政策教育の生成期

アメリカ犯罪学の生成とその後の発展に重要なこととして，シカゴ大学社会学部の創設について触れなければならない。1893年に創設されたシカゴ大学社会学部では当初から逸脱行動に関する授業が行われており，その重要な要素の１つとして「犯罪」がその研究対象となっていた。20世紀の初めには，急速に社会学が台頭し，全米に広がっていったことで，社会学の一部として捉えられていた「犯罪学」も同時に急速に全米に拡大されていった。社会学として発展を遂げたことが法律学を中心として犯罪を捉えていたドイツ・フランス系の犯罪学とは異なる発展となった原因の１つである。アメリカにおいて，犯罪学が社会学と密接な関係にありながら，その下位分野として発展を遂げた理由について，朴は以下のように２つの点を指摘する。すなわち，「当時発展途上にあった社会学の学問的地位をより確固とするために，その研究対象領域を犯罪非行問題にまで拡大しようとしたこと」，そして，「アメリカの社会学者たちは，社会科学の１つとして科学的実証的研究方法を利用することにその独自性を見出そうとしていたが，犯罪学研究が指向する科学的実証性という課題に直接応えることのできる研究環境が社会学部に備わっていたということ」の２点である[4]。つまり，社会学自体が発展するために「犯罪」を取り扱うことが学問的関心とその存在意義として重要な位置を占

　生成と発展」『犯罪学雑誌』81巻６号（2015年）165〜173頁を参照した。そのほか，英語文献は以後の注釈で紹介する。また，本稿を執筆するにあたってマルコム・フィーリー（Malcolm Feeley）先生，Tony Platt（トニー・プラット）先生，そしてJonathan Simon（ジョナサン・サイモン）先生に大変にお世話になった。全米初のSchool of Criminology がカリフォルニア大学バークレー校にできた経緯や1970年に廃部になった背景，そして今後の犯罪学のあり方について時間をかけてお話ししていただいた。この場を借りて感謝申し上げたい。
4　朴（註3）165〜166頁。

めていたこと，そして，理論だけでなく科学的実証的研究方法によって仮説を考察する上で社会学として研究をすることに存在価値を見出していたということになる。

　こういった事情があるために，アメリカにおいて犯罪学は社会学として発展することが主流となり，法律学を中心とする Law School とは疎遠な関係となり，犯罪学そのものが法律家養成において必要な科目として発展してこなかった。しかし，上述のようにアメリカ初の犯罪学博士号を授与したカリフォルニア大学バークレー校では，少し異なった事情を有している。これについては，次節で紹介したい。

2　Berkeley, School of Criminology の創成と閉鎖

　学問として「犯罪」が注目され，その研究が発展したのは上述のようにシカゴ大学での社会学部の創生とその展開によるものであったが，高等教育として犯罪学・刑事政策学教育が大きく展開されたのは，カリフォルニア大学バークレー校の功績が大きいといわれる[5]。その理由はいくつか存在するが，まずは全米初の刑事司法に関する教育が1908年にバークレーの街で始まっていたとことが挙げられる。その後，1913年にはバークレー警察学校において３ヶ年のプログラムが開始された。そして，カリフォルニア大学バークレー校において1916に刑事司法教育が開始され，1933年には犯罪学を学部でのプログラムとして稼働させている。さらに1950年には全米初の犯罪学部が開設され，1963年には犯罪学専攻の大学院（School of Criminology）から全米初の犯罪学博士（Doctor of Criminology）が授与された[6]。

　創設に至る歴史的な背景としては，当時のバークレー警察署の署長であったオーガスト・ヴォルマー（August Vollmer）がカリフォルニアの警察官たちにも警察科学に関する高等教育を学ばせたいという願望から進められていた[7]。そして，1908年のバークレー警察学校で最初の刑事司法の授業が行われている[8]。1931年に行われていた授業は，主に警察官のトレーニングの

5　朴（註３）166頁。
6　"University of California History, digital archives" http://www.lib.berkeley.edu/
　uchistory/general_history/campuses/ucb/colleges.html（2022年９月30日最終閲覧）

ためのもので，例えば精神医学に関する分野や細菌学，そして毒物学といっ
たような分野であった[9]。その後，ポール・カーク（Paul L. Kirk）を初代の
学部長として1948年に任命している。1955年のヴォルマーの死後からは徐々
に警察科学の分野から犯罪学の分野へとシフトチェンジされていった。

　バークレー校での犯罪学教育は多くの人材を輩出し研究分野でも注目がな
されていたが，トニー・プラット（Tony Platt）やハーマン・シュウェン
ディンガー（Herman Schwendinger）といったようなカリスマ的な犯罪学
者たちがラディカル・クリミノロジーを牽引していった。ラディカル・クリ
ミノロジーから，警察による地域社会の監視に対する批判が行われたことや，
守るべきとされる社会のルールを一方的に決めたマジョリティが，それらに
「適応できなかった」マイノリティに対して「犯罪」であるとし，矯正施設
で社会適応させることを「刑罰」と呼ぶことへの批判を強める流れが生み出
された。その後，School of Criminology の学生や教員が中心となってベト
ナム戦争に対するデモ行動であったり，表現の自由に関するデモ活動などが
行われ，一部過激な学生運動へと発展していった経緯がある[10]。このように，
表現の自由に関する活動においてロナルド・レーガン州知事（のちの第40代
アメリカ大統領）への批判を強めた一部の過激な活動がなされたことにより，
州によって School of Criminology を閉鎖に向けたムーヴメントが生じるこ
ととなった。当然に，各地の学生や研究者が行政による犯罪学部閉校に向け
た活動に批判の声を上げたが，最終的には1976年7月15日に School of
Criminology は閉鎖されることとなり，残された研究者たちはロー・スクー
ルの下に置かれることとなったのである。

　このように，バークレー校に開設された全米初の School of Criminology

7　Johann Koehler "Development and Fracture of a Discipline: Legacies of The School
　of Criminology at Berkeley". Criminology 53(4), p513-544.

8　Gene Stephens "Criminal Justice Education: Past, Present and Future", Criminal
　Justice Review, vol.1, issue 1, 1976, p91-120.

9　Josh Hardman "UC Berkekley: The Closure of the School of Criminology, 1976",
　http://www.foundsf.org/index.php?title=UC_Berkeley:_The_Closure_of_the_School_
　of_Criminology,_1976（2022年9月30日最終閲覧）

10　Hardman（註9）

は閉鎖されることになったが，その革新的で世界の犯罪学・刑事政策研究の拠点としてのバークレー校の存在は今でも維持されている。その例の１つとして，筆者が客員研究員として所属している「法と社会研究センター（Center for the Study of Law and Society：CSLS）」は1961年に設立されており，当センターをはじめとして社会科学および人文科学を中心とした研究施設としても学際的な視点から社会現象を捉えなおす研究が行われている[11]。1970年代になると当センターで大学院のコースである「司法および社会政策プログラム（Jurisprudence and Social Policy Program）が開始され，初の法社会学での博士号を授与するセンターとなり，そして全米初のロー・スクールの教員が学部生に対して法社会学の授業も受け持つプログラムを開始したのである[12]。さらに，大学そのもののプログラムとは異なるが，上記のトニー・プラットとジョナサン・サイモン（Jonathan Simon）が共同で世話人をしている「刑務所に関する研究会（Carceral Studies Working Group：CSWS）」が定期的に開催されており，バークレー校に所属する研究者および大学院生はもちろん，近隣大学の犯罪学者や実務家たちが集結し，研究会を実施している。これらの犯罪学教育としての若手研究者育成の側面に注目すると，たとえば2筆者が滞在中の2019年にCSLSのプログラム修了した卒業生がUKの名門大学であるロンドン・スクール・オブ・エコノミクス（London School of Economics：LSE）に犯罪学専攻として就職を決め，また，別の卒業生はオランダの名門大学であるライデン大学（Universiteit Leiden）に犯罪学専攻として就職を決めている。このように1970年代にSchool of Criminologyは閉鎖されてはいるが，犯罪学教育は依然として活発に行われているといえる。

11　法と社会研究センター（Center for the Study of Law and Society：CSLS）のWebページ https://www.law.berkeley.edu/research/center-for-the-study-of-law-society/（2022年9月30日最終閲覧）

12　たとえば，CSLSのディレクターであるジョナサン・サイモン（Jonathan Simon）も学部生向けに「Punishment, Culture, and Society」という授業を担当している。これについては，実践編にて紹介する。

3　アメリカ犯罪学・刑事政策学教育のその後の展開

　アメリカ犯罪学・刑事政策学教育は20世紀に大きな発展を遂げている。その起源とされているのは，1909年にシカゴで開催された全米刑法および犯罪学学会（the National Conference on Criminal Law and Criminology）であり，この学会において刑事司法に関する高等教育についての指針が取りまとめられた[13]。上述のようにヴォルマーによって，すでに西海岸では1908年にバークレーの街で刑事司法に関する高等教育が始まっていたが，これに続いて1918年にはコロンビア大学においてニューヨーク警察のアカデミー・プログラムとして刑事政策教育が開始されている。また時を同じくして，カリフォルニア大学ロスアンゼルス校でも女性警察官のための刑事政策の高等教育が開始された[14]。その後もハーバード大学では1925年に，シカゴ大学などでは1929年にそれぞれ開講されていった（表1参照）。シカゴ大学での開講はバークレー警察署長のヴォルマーの影響が大きく，当初の教授として迎え

【表1】1949年における刑事政策分野の単位プログラム一覧

州	大学・施設	学位レベル	学位タイトル
California	Bakersfield College	Associate[15]	Police Science
	University of California at Berkeley	Bachelors[16] Masters	Criminology
	Fresno State College	Bachelors	Criminology
	Sacramento State College	Bachelors	Law Enforcement
	City College of San Francisco	Associate	Law Enforcement
	San Jose State College	Associate	Penology or Police Admin.

13　Stephens（註8）p92.
14　Stephens（註8）p94.
15　Associate Degree は2年生大学課程の准学士号を指す。
16　Bachelors Degree は4年生大学課程の学士号を指す。

	College of the Sequoias	Associate	Law Enforcement
	University of Southern California	Bachelors	Public Admin.
Indiana	Indiana University	Bachelors	Police Admin.
	Notre Dame University	Bachelors Masters	Correctional Admin. Education, Minor in Corrn. Admin.
Kansas	University of Wichita	Certificate	Police Science
Maryland	University of Maryland	Bachelors Doctor	Sociology, Minor in Psychology Sociology/Criminology
Michigan	Michigan State University	Bachelors	Police Science, Police Admin.
	University of Michigan	Bachelors	Penology
Mississippi	University of Mississippi	Bachelors Masters	Sociology/Minor in Corrections
Nebraska	University of Nebraska, Lincoln	Bachelors	Prison Work/Law Enforcement
Ohio	Ohio State University	Bachelors Masters	Penology and Corrections Social Admin.
Washington	Olympic College	Associate	Police Admin.
	State College of Washington	Masters	Police Admin.
Wisconsin	University of Wisconsin	N/R	Sociology/Corrections

［参考］Gene Stephens "Criminal Justice Education: Past, Present and Future", Criminal Justice Review, vol.1, issue 1, 1976, p96 より転載。

られている。その後，カリフォルニアに戻ったヴォルマーは上述のようにカリフォルニア大学バークレー校での開設に携わっている。

　この後1950年代に入っても犯罪学・刑事政策学に関する学部やプログラムは増加していくこととなるが，とくに表2のように，犯罪学・刑事政策学が学べる施設が急増したのは1960年代に入ってからである。

【表2】刑事政策分野の学位取得プログラム（1964〜1975年）

Directory	准学士号	学士号	修士号	博士号	大学・施設
1964-65	80	32	20	7	97
1966-67	152	39	14	4	184
1968-69	199	44	13	5	234
1970-71	257	55	21	7	292
1972-73	505	211	41	9	515
1974-75	729	376	121	19	664

［参考］Gene Stephens "Criminal Justice Education: Past, Present and Future", Criminal Justice Review, vol.1, issue 1, 1976, p99より転載。

　こういった爆発的な拡大となった背景には，犯罪に関する社会的関心があったのはもちろんだが，それと同時に政府が関与した2つの大きな補助金の配当が影響している[17]。その背景には1967年の大統領諮問委員会による「自由社会における犯罪への挑戦（The Challenge of Crime in a Free Society)」[18]において触れられたコンセプトがあった。本報告書では，警察から検察，裁判所や矯正施設などが一貫した刑事司法チャートの流れの中にあって，それぞれの法執行官においては刑事政策学分野における学士号以上の学位を取得することが究極の目標であるとしたのである[19]。続く1968年の「総合犯罪防止・安全市街地法（the Omnibus Crime Control and Safe Street

17　Willard M. Oliver "Celebrating 100 Years of Criminal Justice Education, 1916-2016", Journal of Criminal Justice Education, vol.27, issue 4, 2016, p455-472.
18　大統領諮問委員会「自由社会における犯罪への挑戦（The President Commission on Law Enforcement "The Challenge of Crime In A Free Society")」(1967)，https://www.ncjrs.gov/pdffiles1/nij/42.pdf（2022年9月30日最終閲覧）
19　The President Commission on Law Enforcement（註18）p. ix.

Act）」[20]の施行により司法省に刑事政策プログラムが設立され，1969年に
「法執行援助局（Law Enforcement Assistance Administration：LEAA）」
が組織された。この LEAA の主導により，とくに犯罪学・刑事政策学分野
の高等教育や調査研究に対して多額の補助金が支出されたのである。これが，
「法施行教育プログラム（Law Enforcement Education Programs：LEEP）」
であった。LEEP は刑事政策学を学ぶ学生に多額の奨学金を給付し，社会学
以外の分野でも「犯罪」について学際的に学ぶ観点でプログラムを推奨した
のである。この資金の補助が全米各地の犯罪学・刑事政策学プログラム設立
に大きく寄与している。しかし，刑事政策学部として設立されたというより
は，むしろ刑事政策学は犯罪学部や社会学部の一部として展開されることが
多かったようである。これらの学部または学科では，一纏めに犯罪学・刑事
政策学（Criminology and Criminal Justice：CCJ）や刑事政策学・犯罪学
（Criminal Justice and Criminology：CJC）と表記されることが多い。

　その後，1984年に LEAA および LEEP が共に廃止され，司法省からの刑
事政策学に対する財政的な支援が打ち切られることとなったが，その後も，
各地の大学では刑事司法に関する学問として CCJ が維持されていくことと
なる。その理由としては，すでに CCJ は大学で高等教育たる学問としての
地位を確立していたことや就職先としても警察官・刑務官など安定したもの
があり，学生たちにも人気のある学門分野となっていったことが挙げられる。
さらに，アカデミアの分野における犯罪学・刑事政策学の学位の位置付けも
大学教員や研究者としての要件を満たすようになってきている。つまり，従
来の犯罪学の学位や法学の学位だけでなく，刑事政策の学位も要件として認
められるようになってきている。言及するまでもなく「逸脱行動」を研究す
る社会学の学位が本流として維持されてはいるが，狭義の刑事政策学として
の学位が要件になることも少なくなく，さらには心理学や行政学といった学
際的な専門家の集まりによって「逸脱行動」を研究し教育するという傾向が
見られるようになっている。

20　総合犯罪防止・安全市街地法 https://www.ojp.gov/ncjrs/virtual-library/abstracts/
omnibus-crime-control-and-safe-streets-act-1968（2022年 9 月30日最終閲覧）

4 アメリカ犯罪学・刑事政策学教育の現在

　表3は全米の犯罪学分野が学べる大学院博士課程ランキングである。U.S. News & World Report 紙は2005年以降から「犯罪学」を他の社会科学の分野から独立した学問領域として別個のランキングを掲載している（表3）。つまり，これは他の社会科学の学問領域からは独立した学問であるということが認知されたことを表しており，2018年現在は全米で41のプログラムが運用されている。

【表3】アメリカの犯罪学が学べる大学ランキング Top 5 （2021年）

1	・University of Maryland, College Park
2	・Arizona State University ・University of California, Irvine
4	・University of Cincinnati
5	・University at Albany, State University of New York ・Pennsylvania State University, University Park

［参考］U.S. News & World Report "Best Criminology Schools" 参照[21]。

　このように独立した研究分野として認識され始めてはいるが，2年制のコミュニティ・カレッジで学べる犯罪学・刑事政策学と4年制大学で学ぶ犯罪学・刑事政策学とでは若干の相違がある。詳しくは次章で述べるが，主に前者は実用的な職業訓練としての意味合いが強く，後者は社会科学の理論や調査が行われる意味合いが強い[22]。前節で確認したように，犯罪学・刑事政策学教育が急速に全米に広まっていったことにより，学問体系としては十分に成熟していないとの見方もある。そのため，犯罪学・刑事政策学教育の質的な補償を確保するために全米刑事司法学会（the Academy of Criminal Justice Science：ACJS）が1997年にガイドラインを作成することとなった[23]。

21　U.S. News & World Report "Best Criminology Schools" https://www.usnews.com/best-graduate-schools/top-humanities-schools/criminology-rankings（2022年9月30日最終閲覧）

22　朴（註3）168〜169頁。

23　Academy of Criminal Justice Sciences "Minimum Standard for Criminal Justice Higher Education: Commentary" https://cdn.ymaws.com/www.acjs.org/resource/

その後も認定評価基準を作成し，准学士，学士，修士号のそれぞれの基準を公表している[24]。

【表4】必須の科目と関連題目（学部：学士課程レベル）

コンテンツ	関連したトピック（これのみに限定されない）
Administra-tion of Justice	Contemporary criminal justice/criminology system, major systems of social control and their policies and practices; victimology; juvenile justice; comparative criminal justice
Corrections	History, theory, practice and legal environment, development of correctional philosophy, incarceration, diversions, community-based corrections, treatment of offenders
Criminological Theory	The nature and causes of crime, typologies, offenders, and victims
Law Adjudica-tion	Criminal law, criminal procedures, prosecution, defense, and court procedures and decision-making
Law Enforce-ment	History, theory, practice and legal environment, police organization, discretion, and subculture
Research and Analytic Methods	Quantitative-including statistics-and qualitative, methods for conducting and analyzing criminal justice/criminology research in a manner appropriate for undergraduate students

［参考］ACJS National Office "Academy of Criminal Justice Sciences: Standards for College/University, Criminal Justice/Criminology Baccalaureate Degree Programs"（2018Ver）, B5参照[25]。

　ACJSが定めるように，学士号のプログラムにおいては，表4にあるコンテンツと関連したトピックを含むものが望まれている。また，犯罪学・刑事政策学の専門科目として3分の1以上履修が必須となっている[26]。これらは，あくまでACJSによる目安とされているために各大学が強制的に拘束され

resmgr/ACJSToday/ACJSTodayJanFeb1997.pdf（2022年9月30日最終閲覧）

24　Academy of Criminal Justice Sciences "Program Standards" https://www.acjs.org/page/ProgramStandards（2022年9月30日最終閲覧）

25　准学士課程も大学院修士課程もほぼ同様の必須科目となっている。https://cdn.ymaws.com/www.acjs.org/resource/resmgr/certification/bachelor_degree_standards_-_.pdf（2022年9月30日最終閲覧）

26　ACJS（註24）B. 9参照。

るものではない。表4に示したのは学部レベルのものであるが，准学士プログラムであっても大学院修士課程プログラムであっても，必要科目そのものが大きく変わることはない。共通して見られるのは，刑事政策システムの科目やソーシャル・コントロール理論，矯正施設の歴史や犯罪原因論，刑法や刑事訴訟法，法執行機関の歴史や警察行政論，そして社会調査手法や統計学などを学ぶ必要があり，非常に多岐にわたる専門分野の習得が必要であり，これらから学際性に富むことが分かる。

　一方で，当然のことながら，学位のレベルによって上記の科目履修がどの程度必要になるかは，下記のようにパターン分けがなされている。たとえば，トーマス・カステラーノ（Thomas Castellano）とヨゼフ・シャファー（Joseph Schafer）によれば，「技術的・職業的教育モデル」，「専門的・管理職モデル」そして「人道的・社会科学モデル」に分類され，それぞれのレベルによって求められる教育も使い分けがなされるとする[27]。「技術的・職業的教育モデル」とは，刑事司法機関で必要とされるレベルの知識と技術を習得されることが目的とされ，学問的に犯罪学・刑事政策学を学ぶというよりは，むしろ卒業後に警察官や矯正職員となることが目指されている[28]。「専門的・管理職モデル」とは，刑事司法分野（とくに，警察官や刑務官）において長期的にキャリア形成を目指す人向けに行われており，組織運営や必要とされる調査研究が行えるようにスキルと知識を身につけることが目指されている[29]。そして，「人道的・社会科学モデル」とは，上記2つとは異なり一般的教養教育（Liberal Arts モデル）として，そして刑事司法制度全体の理論的側面や行動諸科学などのアプローチから批判的に学ぶことが目指されている[30]。それぞれがどういった大学で学ばれるのかは，アメリカの大学のシステムを知らずに理解することが困難である。そのため，次章の実践編において，カリフォルニア州の大学システムを概観することからはじめ，それぞ

27　Thomas C. Castellano and Joseph A. Schafer "Continuity and Discontinuity in Competing Models of Criminal Justice Education", Journal of Criminal Justice Education, vol.16, numver 1, 2005, p60-78.
28　Castellano ほか（註27）p62。
29　Castellano ほか（註27）p62。
30　Castellano ほか（註27）p62-63。

れのモデルがどういった学生層に施されているのかを確認することとしたい。

二　アメリカで犯罪学・刑事政策学を学んでみて【実践編】

1　カリフォルニア州の公立大学システム

　ACJS の各モデルの内容を見る前に，カリフォルニア州の高等教育のシステムについて簡単に確認しておきたい。

　カリフォルニア州の人口は3920万人以上（2021年現在）であり，全米で1番人口が多い州である。カリフォルニア州のみで全米の約12％以上の人口を占め，続くテキサス州，フロリダ州およびニューヨーク州との4州の合計だけで全米の30％を超える。このように大都市に人口が集中していることが分かる[31]。また，カリフォルニア州はシリコンバレーの急激な発展などの影響もあって高収入の層が多く，教育に力を入れる人も少なくない[32]。そのため，大学進学希望者も多く，公立の大学では州民に平等に高等教育を受けられる機会を提供するために，1960年にカリフォルニア高等教育マスタープラン（A Master Plan for Higher Education in California 1960-1975）が発表された[33]。当初の予定では，1960年から15年間を対象として策定されていたが，数回の見直しを経て，今なお継続されている。その具体的な枠組みとしては，准学士の学位が取得できる2年制のコミュニティ・カレッジ（California Community Colleges：CCC）と4年制のカリフォルニア州立大学（Califor-

31　United States Census Bureau https://www.census.gov/popclock/（2022年9月30日最終閲覧）

32　Zumper 社が行なっている National Rent Report（2022年9月）の全米都市家賃ランキングによるとトップ10の都市のうちカリフォルニアの都市が6箇所もある。以下のランキングの（　）内は2ベッドルーム（2LDK）の1か月家賃の平均である。カリフォルニア州の都市には「CA」と表記した。1. ニューヨーク（3,950ドル）2. サンフランシスコ（3,100ドル）CA，3. ボストン（2,890ドル），4. サンノゼ（2,770ドル）CA，5. サンディエゴ（2,620ドル）CA，6. マイアミ（2,510）ドル，7. ロサンゼルス（2,470ドル）CA，8. ワシントン D.C.（2,360ドル），9. オークランド（2,200ドル）CA，10. サンタアナ（2,160ドル）CA。https://www.zumper.com/blog/rental-price-data/（2022年9月30日最終閲覧）

33　"A Master Plan for Higher Education in California 1960-1975" https://www.ucop.edu/acadinit/mastplan/MasterPlan1960.pdf（2022年9月30日最終閲覧）

nia State University：CSU）そしてカリフォルニア大学（University of California：UC）の3つのスタイルに分けられている。それぞれの使命と役割として，CCC は職業教育を含めた学部前半レベルの2年間教育を提供し，補習教育や英語教育を中心としたもの，CSU は実践的分野および教員の養成を行い学部および大学院修士課程を伴い，研究活動としては教育活動関連に限定されたもの，そして UC は州の中心的研究機関であって学部および大学院修士・博士課程を伴い，医学や法学等の職業専門職のプログラムも有するものに分けられている[34]。それぞれのモデルによって入学者決定の基準も分けられており，CCC には入学要件は設けていないものの，CSU には当該年度の高校卒業者のうち成績上位3分の1（33.3％）以内，UC は当該年度の高校卒業者のうち成績上位8分の1（12.5％）以内となっている。

【表5】マスタープランによるモデル分け

	エリート型	マス型	ユニバーサル型
機関類型（公立）	University of California (UC) 10校	California State University and Colleges (CSU) 23校	California Community Colleges (CCC) 115校
使命・役割	州の中心的研究機関	実践的分野及び教員養成が主たる目的	高校卒業生及び成人一般を対象に職業教育，学部前半の教育を提供
	学部教育大学院（博士課程）	学部教育大学院（修士課程）	4年制大学進学課程，職業技術課程，教養・生涯学習課程
教育・研究	原則として博士号取得課程は UC に	修士号取得課程までの大学院教育	職業及び学部前半の2年間の教育
	医学・歯学・獣医学・法学等の職業専門教育も UC で提供	博士号は UC との共同プログラムのみ。研究活動は教育と両立する限り可能。基本的には教育活動関連	移民等を対象とする第二言語としての英語教育等も提供

34　文部科学省による取りまとめも参照。http://www.mext.go.jp/b_menu/shingi/chukyo/chukyo4/gijiroku/030301dc.htm（2022年9月30日最終閲覧）

入学資格	高校成績上位12.5%	高校成績上位33.3%	高校卒，18歳以上無選抜入学
機関類型 （私立）	Stanford, Caltech, USC など	約140校	Junior Colleges (JU) 68校（うち営利44校）

［参考］文部科学省ウェブページ「米国『カリフォルニア高等教育マスタープラン』の概要」（註33）を元に若干の加筆を行った。

　以上のようなモデル分けがなされていることを確認し，再びカステラーノらが行ったモデル分けの「技術的・職業的教育モデル」，「専門的・管理職モデル」そして「人道的・社会科学モデル」を見直すこととしたい。CCC であっても4年制大学に編入することも珍しくないために，それぞれのレベルでそれぞれの学習内容が明確に分かれて，それしか学べない訳ではないが，表5におけるユニバーサル型には CCC が該当し，「技術的・職業的教育モデル」が行われる。また，マス型には CSU が該当し，「専門的・管理職モデル」が行われる。そして，エリート型には UC が該当し，「人道的・社会科学モデル」が行われることになる。

　冒頭に述べたように，筆者は2018年から2020年にかけてカリフォルニア大学バークレー校ロー・スクールにある研究施設で客員研究員として籍を置き，自分の調査研究とは別にオブザーバーの身分ではあるものの授業にも参加しアメリカの犯罪学・刑事政策教育を体験している。また，カリフォルニア州立大学でも授業をいくつか受講する機会も得た。つまり，「エリート型」と「マス型」の両方を経験したことになる。そこで以下では，この間に実際に受講したいくつかの授業を紹介したい。

2　Berkeley と Sonoma State University

　アメリカ滞在中に受講している科目は以下のものである。すなわち，Caitlin Kelly Henry「Introduction to Criminal Justice and Public Policy」Spring 2019 (at Sonoma State University：SSU), Caitlin Kelly Henry「Punishments and Corrections」Spring 2019 (at SSU), Jonathan Simon「Punishment, Culture, and Society」Fall 2019 (at University of California, Berkeley：UCB), Franklin E. Zimring「Criminal Law and the Regulation of Vice」Fall 2018（at UCB），Tamar Todd「Marijuana Law and Policy」Spring 2019（at UCB），Franklin E. Zimring「Juvenile Justice」Fall 2019（at UCB），そして Franklin E. Zimring「Empirical Studies of the Causes of Mass Incarceration and Potential Remedies」Fall 2019（at UCB）の7科目である。SSU で受講した最初の2つはマス型のカリフォルニア州立大学ソノマ校（State University of California, Sonoma）であり，残りの5科目はエリート型に分けられているカリフォルニア大学バークレー校で受講した。また，最初の3つは学部生（Bachelors）向けの授業であり，残りの4つは大学院（博士含む）生向けの授業である[35]。以上のように，マス型およびエリート型の大学でそれぞれ受講できたことと，学部生向けと大学院生向けの授業の両方を受講できたことになる。まずカリフォルニア州立大学ソノマ校での授業について紹介し，その後，カリフォルニア大学バークレー校でのJD 学生向けの授業の紹介を行うこととする[36]。

（1）カリフォルニア州立大学ソノマ校

2019年1月から5月にかけて，カリフォルニア州立大学ソノマ校で受講した「Introduction to Criminal Justice and Public Policy」（1:00pm-4:40pm）および「Punishments and Corrections」（6:00pm-9:40pm）は学部生向けの教養科目の位置付けであった。授業の最初に将来の希望を聞いたアンケートによれば，法曹三者よりも FBI などの捜査官や警察官，刑務官，司法ソーシャル・ワーカーなどの実務家志望の学生が多かった。授業内容に関しては刑事司法制度全体のシステムに関するものからスタートし，各種個別犯罪，犯罪の原因，法執行機関，行政組織，少年司法，量刑，矯正施設，社会内処遇についての各予習を踏まえた上で，毎回の授業で教科書に基づいたクイズが出され，事前にテキストを読み込んでおかなければ答えられないように

35　筆者がロー・スクール受講した授業では LL.M 生には出会うことがなかった。つまり，司法試験のための授業ではないために，参加者は全員 JD 生か Ph.D 生である。

36　言及するまでもなく，ここで紹介するものは普遍的なアメリカの犯罪学・刑事政策教育ではない。各地の大学によって内容は異なるであろうし，同じ大学であっても教員による部分も大きい。

なっていた。そして，机上の学問にならぬように，それぞれのパートにおいて多くのゲストスピーカーを招聘し，現場やアカデミックの最先端で学ぶ人たちの生の声を聞きながら討論を行っていた。その一例を挙げれば，長期受刑経験のある2人が，実際に経験したことを劇として演じてくださったり，受刑者の権利回復を訴える団体の職員に来ていただき話を聞かせていただいたり，またある時は，事例をもとに学生たちが保護観察官やパロール・ボードのメンバー，被害者や被収容者の役を演じ，模擬裁判ならぬ模擬仮釈放委員会を行うといった充実した内容であった。

　さらに，セメスターの途中に Field Trip（遠足）が用意されており，ソノマ郡にある保護観察所に訪問し，保護観察官たちにインタビューを行うといったことも行われた。そしてスプリング・ブレイクなどで休日になる時は，裁判傍聴のレポートが課されるなど，教科書だけでなく実際に生の声を聴き，体験して学ぶスタイルとなっていた。卒業生の多くは警察官や刑務官などになると担当の Caitlin Henry は話していたが，彼女自身が弁護士でもあるために，授業の中でも徹底して被告人の権利や被収容者や人権について触れており，学生たちは実際の捜査段階や刑事施設での人権侵害事件について憲法のどこに反する行為なのかということを議論できるレベルであった。こういった被疑者・被告人・被収容者の人権を大学で学んだ学生たちが実務家になることも重要なことであろう。

　受講を終えての感想としては，カリフォルニア州立大学ソノマ校はマス型の一地方の大学であっても，内容としてレベルが高く，志も高い学生たちが集まっているという印象である。

（2）カリフォルニア大学バークレー校

　2019年8月から12月にかけて，バークレー校にて受講している学部生向けの授業は「Punishment, Culture, and Society」である。担当者は犯罪学者として著名な Jonathan Simon で，Michel Foucault の「監獄の誕生」そして David Garland の「Punishment and Social Control」などを教科書として授業を行う。犯罪学としてハイレベルな内容になっており，大学院の授業であるとしても違和感がない。そして毎回の授業で出される課題の量もかなり

多い。最終的な学部生の理解度については興味がある。しかし，毎回の授業において学生からの鋭い質問は数多く出ており，さらに定期的に TA と受講生のみで質問を受けつつディベートの形式で議論も行われていることからも理解度は深いものであろうと思慮される。

　次に，Franklin Zimring が担当しているいくつかのロー・スクールの授業についても触れておきたい。ロー・スクールの科目であるにも関わらず，司法試験では問われないような内容であることが興味深い。例えば，「Empirical Studies of the Causes of Mass Incarceration and Potential Remedies」（2019年 8 月から12月）はアメリカの刑務所が過剰収容になった原因を探り，近年はその数が減少傾向にあることの原因を様々な角度から検討するという授業であるし，「Criminal Law and the Regulation of Vice」（2018年 8 月から12月）は偏見や思い込みによって刑法が運用されることへの警鐘を鳴らすための授業である。後者に至っては，法と道徳の問題を H. L. A. ハートとデヴリン卿との論争[37]まで遡り，ポルノ規制や売春，薬物規制が何故ダメなのか，本当に刑法で規制すべきものなのかについて議論を行った。極めつけは，Tamar Todd「Marijuana Law and Policy」（2019年 1 月から 2 月末）である。彼女は薬物合法化政策を主張するアメリカの団体「Drug Policy Alliance：DPA」の法部門長（当時）を務めていた人で，カリフォルニア州が2018年に大麻の嗜好的使用及び所持を合法化した際に，州の検討会に召集された専門家の 1 人でもある。そんな彼女を講師として招き，ロー・スクールの授業として開講し，その授業に20人を超える JD 生や Ph.D. の学生が受講しに来ていたことに驚かされた。当然に，これらの科目はカリフォルニア州司法試験に直接に関係のないものであろう。このように司法試験にとらわれない勉強が学べることと，それらを学びたいと考える学生が多い興味深いものであった[38]。マリファナ法の授業で知り合った博士課程の学生は，

37　英国で1957年に発表された「The Wolfenden Report」では同性愛や売春について刑法で規制すべきかどうかが検討された。この報告書が社会で反響を呼び，これが契機となって法哲学者 H.L.A. ハート（オックスフォード大学教授）と著名な裁判官であった P. デヴリン卿との間で激しい議論が繰り広げられた。
38　そもそも日本の法科大学院との位置付け，司法試験の位置付けが大きく違うことも要因の 1 つである。アメリカでは日本のように法学部が存在しないために，法曹になるた

卒業後に依存症で苦しむ人のために活動する団体を設立し，ソーシャル・アクションを起こすと語っていた。言及するまでもなく，カリフォルニア大学バークレー校のロー・スクールは，いわゆるT14（ティー・フォーティーン）と呼ばれる全米でもトップクラスのロー・スクールである[39]。ここを卒業するだけでも多くのローファームや大手の会社からもオファーが来ることが予想されるが，そういった道を歩まないと語っていた。彼のような学生が法曹以外の道でも挑戦し活躍できる土台があることに驚くとともに，本来なら目指されるべき社会のようにも感じた。ぜひ，日本でもロー・スクールの卒業生を含め大学院で学ばれた知識が重宝される社会であってほしい。

むすびにかえて
～これからの犯罪学・刑事政策学教育の話をしよう～

　ここまで確認してきたように，いわゆる社会学を源流とする犯罪原因論の展開とは別に，刑事政策学教育の流れは，その創成期において警察官のキャリア・アップのための学問であり，より科学的な手法を学ぶために開始された。そして，大統領諮問委員会による「自由社会における犯罪への挑戦」によって，高等教育を受けた法執行官を育てることと，その教育に力を注ぐことが目指され，司法省内においてLEEPなどの補助金が付されることとなった。その後，全米に拡大されていったCCJの学部や学科は，80年代に補助金が廃止された後も，学生たちの卒業後のキャリア形成が見えやすいという需要と大学内でも1学問として基盤が確立されたことによって維持されている。しかし，各地で急速にプログラムが開始されると同時にその安定性も欠いたため，ACJSによって最低基準が示された。必ずこれらに縛られる

めには，別の学部を卒業後，LSATのスコアを取得し，ロー・スクールに入学しなければならない。このスコアを元に，ロー・スクールを受験することになる。たとえば，JDであれば3年間のプログラムで法律の勉強を行う。ちなみに，外国人留学生向けのLL.Mは1年間のプログラムで外国で既に法学教育を受けた人のための専門性を高めるプログラムであり，カリフォルニア州やニューヨーク州などの受験資格が得られるものである。

39　https://7sage.com/top-law-school-rankings/ （2022年9月30日最終閲覧）

82

ものではないが，各地の犯罪学・刑事政策学学科や学部はこれを踏襲している。その内容については，社会学部で行われている犯罪学理論や実証的研究を中心に行うだけでは不十分で，法律学主体の法解釈だけでも不十分であるとされる。司法行政，矯正，犯罪学理論，法理論と裁判，法執行（警察行政など），そして実証研究のための社会調査や統計学を踏まえていなければならない[40]。

1990年代の地下鉄サリン事件や神戸児童連続殺傷事件など報道に注目された事件がいくつかあった。阪神淡路大震災も経験し，人々に余裕がなくなっていた時期でもあった。新自由主義の影響で排除型社会が進み，とくに逸脱行動を行う人への厳罰化志向が強まり犯罪不安が高まった。そういった社会での不安定が起こると同時に，大学の中でも旧法試験の法律選択科目から無くなったことで，刑事政策を取り巻く環境は暗黒の時代を迎える。とりわけ，法学部内の1学問として発展した日本の刑事政策学は，司法試験科目から外れることで，社会のニーズと相反して，大学のニーズが減ることとなった。この影響は，大学院で刑事政策学を専攻する学生にも大きかった。日本で研究を深めても大学で学べるポストも減少しているためである。そういった背景がある中で，そしてこれらの乗り越えていくために日本での犯罪学・刑事政策学の復権（そもそも復活すべく一定程度の権利が最初からあったかどうかは別として）のため，そして今後の犯罪学・刑事政策学教育はどのように目指されるべきであろうか。

最後に，日本で犯罪学部・刑事政策学部（学科）について触れておきたい。アメリカ犯罪学・刑事政策学教育の展開から得られた示唆として以下のような点が考えられる。まず，財政基盤をどのように確保するか，設立創世記に関しては，公私の資金的な補助があり得ても，その後も持続可能な学部として大学の中に基盤が作れるかどうか，が挙げれる。次に，日本では，「技術

40　どの大学でも共通でこれらの科目が見られるが，たとえば上述の犯罪学が学べる大学ランキング2位のカリフォルニア大学アーバイン校では，大学院カリキュラムでも必修科目に法と社会，調査手法，データ分析・統計学，犯罪学理論があり，選択科目に少年司法や矯正学，人類学，法と道徳などが用意されている。https://cls.soceco.uci.edu/pages/phd-program#overview（2022年9月30日最終閲覧）

的・職業的教育モデル」,「専門的・管理職モデル」,「人道的・社会科学モデル」のいずれのモデルを目指すのかを検討する必要がある。とりわけ，卒業生の多くは警察官や刑務官，法務教官などの実務に携わることが多くなることを考慮すれば，「技術的・職業的教育モデル」や「専門的・管理職モデル」が目指されることになるが，犯罪減少や政策について科学的に調査し，政策提言もなされいくような最高学府として大学を捉えるならば，「人道的・社会科学モデル」が目指されることとなる。

　これからの「犯罪学・刑事政策学」教育は，中身が従来の社会学を主体とする犯罪学や，法解釈学を主体とする法学ベースの刑事政策学による「逸脱行為」への捉え方だけでは不十分であろう。今後の犯罪学・刑事政策学は，さらに心理学，統計学，政治学，行政学，社会福祉学，脳科学など多種多様な角度から「逸脱行為」を捉え直し，実務にも研究にも活かせる学問として発展する必要があろう。

　筆者が，学部生時代に刑事法関連のゼミでどこに申請を提出するか悩んでいた時期がある。一通り各ゼミの説明会に参加し，各先生や先輩方にも話を聞いて回っていた。そして最後に話を聞いたのが，龍谷大学の石塚先生であった。石塚先生は，刑法と刑事訴訟法が担うべき役割を丁寧にお話しいただいた後に，このような趣旨のお話をされた。「人のものを盗ってはいけないとルールが決められているからこの世界から窃盗がなくなったでしょうか。人を殺してはいけないと決められているから殺人が無くなったでしょうか。それは，無くならないです。なぜだと思いますか？」。そして答えを決めあぐねている筆者に対して，さらに「それをやってしまった人に，刑罰を与えれば解決する話なのでしょうか。ダメだと分かってもいても犯罪は無くならないし，ただ刑罰を与えておけばいいというわけにはいきません。なぜなら，ダメだと思っていてもやってしまうのが，「人間」だからです。その人たちを見守るのも人間だからです。この「人」を考えることが刑事政策の役割だと思います」と話してくださった。この時から，筆者は「人」を見るための犯罪学・刑事政策学にハマっているのかもしれない。

　犯罪やそこからの立ち直りを通じて「人」を見るための勉強や実践を通じて立正大学では矯正・保護，そして少年司法で活躍できる人材を養成できる

84

ように，法学だけでなく，心理学や社会福祉学，その他の学問分野を学際的に学べるように整えていき，1つからの角度からでは見えてこない社会問題の原因や解決方法を模索していきたい。そして，立正大学では可能であると信じている。

　カリフォルニア州立大学ソノマ校で参加した授業において演劇を通して受刑生活の過酷さを伝えてくださった方に，授業終了後にピザを食べならが，「なぜ，このような活動をされているのですか？」と質問した。お2人はしばらく考えて，「人間だからさ（Human Being）」と照れ臭そうに，そして満面の笑みで答えてくださった。犯罪を研究対象とする場合に，学際的に取り組む必要がある理由は，犯罪現象を見るということが「人」の逸脱行為とそれを取り巻く環境を見るというであり，それは「人」そのものを見ることに他ならないからではなかろうか。

編者・執筆者一覧（掲載順）

丸 山 泰 弘　（立正大学法学部教授）

川眞田嘉壽子　（立正大学法制研究所長）

村 井 敏 邦　（一橋大学名誉教授・元龍谷大学矯正・保護
　　　　　　　　研究センター長）

菱 田 律 子　（元浪速少年院長・元和歌山刑務所主席矯正
　　　　　　　　処遇官）

大 場 玲 子　（東北地方更生保護委員会委員長）

八 田 次 郎　（元小田原少年院長）

村 尾 泰 弘　（立正大学社会福祉学部教授・元家庭裁判所
　　　　　　　　調査官）

上 瀬 由美子　（立正大学心理学部長）

片 山 徒 有　（被害者と司法を考える会代表）

　　　　　　　　　※肩書きはシンポジウム開催当時のもの

グリーンブックレット　15

刑事司法・少年司法の担い手教育
司法の課題と大学教育のこれから

2023年3月20日　初版第1刷発行

編著者　丸　山　泰　弘

発行者　阿　部　成　一

162-0041　東京都新宿区早稲田鶴巻町514番地

発行所　株式会社　成　文　堂

電話 03(3203)9201(代) Fax 03(3203)9206
http://www.seibundoh.co.jp

製版・印刷・製本　藤原印刷　　　　　検印省略
☆乱丁・落丁本はおとりかえいたします☆
© 2023 Y. Maruyama
ISBN978-4-7923-9283-3　C3032

定価（本体800円＋税）

グリーンブックレット刊行の辞

　グリーンブックレットの刊行は，立正大学法学部の日頃の教育研究活動の成果の一端を社会に還元しようとするものです。執筆者の個人的な成果ではなく，組織的な学部プロジェクトの成果です。私たちが高等教育機関としてその社会的使命をいかに自覚し，どのような人材育成上の理念や視点を貫きながら取り組んできているのかが，シリーズを通しておわかりいただけるはずです。したがって，グリーンブックレットの刊行は私たちの現状の姿そのものを世間に映し出す機会であるといっても過言ではありません。

　グリーンブックレットの「グリーン」は，立正大学のスクールカラーです。これは，大学の花である「橘」が常緑であることに由来するもので，新生の息吹と悠久の活力を表しています。現在の社会の抱えるさまざまな問題や矛盾を克服することは容易ではありませんが，次の社会を支える若い世代が，健全で，勇気と希望を持って成長し続ける限り，より良い未来を期待する事ができるものと信じます。そうした若い世代の芽吹きの一助たらん事を願って，このグリーンブックレットを刊行いたします。

2009（平成21）年12月

立正大学法学部長

鈴 木 隆 史